D1934392

Karl Kardinal Lehmann

„Mensch, Gott!“

Karl Kardinal Lehmann

„MENSCH, GOTT!“

Geistliche Impulse für die Advents- und Weihnachtszeit

herausgegeben von Michael Kinnen

benno

Herrn Weihbischof und Bischofsvikar
Dr. theol. Werner Guballa
mit herzlichem Dank und Gottes Segen
zum 60. Geburtstag

Zum Autor:
Karl Kardinal Lehmann, geb. 1936, Prof. Dr. phil., Dr. theol., Dr. h.c.mult., ist seit 1983 Bischof von Mainz und seit 1987 Vorsitzender der Deutschen Bischofskonferenz. Im Februar 2001 wurde er von Papst Johannes Paul II. zum Kardinal erhoben. Er ist Autor und Herausgeber zahlreicher Bücher und Publikationen.

Zum Herausgeber:
Michael Kinnen, geb. 1977, Dipl.-theol., Journalist, seit 2003 persönlicher Referent des Bischofs von Mainz.

INHALT

Vorwort 9

RETTET WEIHNACHTEN! – Zur Einstimmung 11

ADVENT ALS ZEIT UND SCHULE DES WARTENS UND HOFFENS 14
- In der Erwartung leben 14
- Helfer auf dem Weg 16
- Die Erfüllung naht 18

IM ANFANG WAR DAS WORT 21
- Gott spricht zu uns 21
- Das Wort ist Fleisch geworden 23
- Was ist der Mensch ... 27
- „Alle Enden sehen das Heil unseres Gottes“ 29

DIE MENSCHLICHKEIT GOTTES 33
- Keine Flitterwelt 33
- Die Gestalten an der Krippe 35
- Den Menschen in Gott retten 36

DIE ANNAHME DES MENSCHEN 39
- Er hat uns angenommen 39
- Gott kommt zu uns 40
- Mensch geworden 41
- Nehmt einander an 44
- Menschliche Grunderfahrung 45
- Begegnung mit dem Fremden 47

DAS FEST DER VERSÖHNUNG 49
Unsere unversöhnte Welt 49
Ein Kind wird uns versöhnen 52
Wir müssen uns auf Gott einlassen 54

DAS FEST DER GEMEINSCHAFT 56
... aber die Welt hat ihn nicht erkannt 56
Einsamkeit in unserer Zeit 57
Gott finden 59

ERBARMEN UND SOLIDARITÄT 61
Jesu Barmherzigkeit 61
Wie steht es um unsere Solidarität? 67

„SEHT, ICH MACHE ALLES NEU" (Offb 21,5) 70
Die Zeichen der Zeit erkennen 70
Der flexibilisierte Mensch und die Personenmitte 73
Anfang und Ende des menschlichen Lebens 75
Die Würde der Frau 77
Das ambivalente Gesicht der Arbeit 79
Unterscheidung als beständige Aufgabe 80

„NEUEN WEIN FÜLLT MAN IN NEUE SCHLÄUCHE" (Mt 9,17) 82
Die notwendige Erneuerung der Kirche 82
Ein neues Reformprogramm 84
Der ferne Gott und die Kirche 88
Mut zum lebendigen Glaubenszeugnis 91
Bereicherung der Gemeinschaft durch Originalität 94
Neuer Wein in neuen Schläuchen 97

WEIHNACHTEN – EIN NEUER GEIST 99
Wie wir Weihnachten empfinden 99
Gott kommt in unsere Welt 102
Neues Denken für uns Christen 104

HINAUS INS WEITE 106
Die Botschaft des Friedens 106
Aufbruch 108

Quellennachweis 112

Vorwort

Ist Kardinal Lehmann ein politischer Bischof? Ganz gleich, wie man dieses Attribut näher definiert, und ganz gleich, ob man dies positiv oder negativ assoziiert, die Schublade trifft nicht den Kern. Der Mainzer Bischof und Vorsitzende der Deutschen Bischofskonferenz spricht in seinem Buch in ausgewogener Klarheit von dem Fest, das viele Menschen anrührt: Von der politischen, aber besonders auch von der theolgischen, ethischen und gesellschaftlichen Bedeutung, von Fragen und Zweifeln, Suchen und Warten. Er geht dem Fest auf den Grund, bleibt nicht bei Oberflächlichkeit und Gefühlsduselei stehen, die zu oft mit dem Fest verbunden wird. Er gibt sich nicht mit einfachen Antworten zufrieden, sondern fragt weiter nach dem Sinn und Ursprung von Weihnachten mit all seinen Festen im Umkreis.

Es vergeht kein Weihnachtsfest, in dem nicht „die Botschaft der Kirchen" zum Fest in den Medien zitiert wird. Dabei beschränkt sich „die Botschaft" meist auf eine politische Aussage, einen Halb- oder Nebensatz, in dem der Gehalt von Weihnachten in die Tagespolitik übersetzt wird. Das ist gut so. Denn die Kirche ist immer auch politisch, die Botschaft des Evangeliums hat immer auch Explosiv-Kraft in die Gesellschaft hinein. Dass Gott Mensch wurde, kann nicht ohne Folgen bis in den kleinsten Alltag hinein bleiben. Und doch greift es

zu kurz, wenn man die Botschaft von Weihnachten auf diesen oder jenen wichtigen Appell nach Frieden oder Solidarität begrenzt, ohne die Motivation zu ergründen. Weihnachten ist mehr als Lametta und Lichterglanz, mehr als Geschenke und Harmoniestreben: Gott ist Mensch geworden! Bis in die Tiefen unseres Lebens hinein hat er sich auf uns Menschen eingelassen. Die Texte des Mainzer Bischofs in diesem Buch geben dies eindrücklich wieder. Was es heißt, wenn Gott Mensch wird, bis in unsere Zeit hinein; was Weihnachten für die Menschen heute bedeutet; wo seine Sprengkraft für den Alltag liegt. All dies zeichnet Kardinal Lehmann in diesem Buch nach.
Die Botschaft von Weihnachten ist nicht neu: Friede den Menschen auf Erden! Und doch zeigt sich, wie dieser kurze Satz immer wieder neu Menschen anrührt, sie zutiefst im Alltag betrifft, der oft alles andere als friedlich ist. Dass es aber an Weihnachten nicht um eine selbstvergessene Weltflucht geht, sondern die Menschwerdung Gottes gerade diese Nöte in den Blick nimmt, will dieses Buch zeigen. So wird hier ein neuer Zugang zu diesem beliebtesten Fest der Christen gegeben. Es geht um den immer neuen Blick auf den tiefsten Sinn des Satzes: Gott ist Mensch geworden! – „Mensch, Gott!"

Mainz, Advent 2004
Michael Kinnen

Rettet Weihnachten!

Zur Einstimmung

Auch wenn viele Menschen in unserem Land nicht mehr aus dem christlichen Glauben heraus leben und in diesem Sinne das, was wir oft Säkularisierung nennen, sich in Herz und Sinn festsetzt, so behält wenigstens Weihnachten für die allermeisten einen Sinn. Ja, man hat manchmal den Eindruck, das Weihnachtsfest wird dann geradezu übersteigert, wenn und weil es für viele das einzige, ihnen wenigstens einigermaßen vertrautere Fest der Christen geblieben ist.
Die Werbung weiß natürlich darum. Mit Weihnachten kann sie immer noch sehr viele Menschen ansprechen. Dabei geschieht dies natürlich nur, um bestimmte Instinkte und Triebe des Kaufens anzusprechen. Die Wahrheit von Weihnachten wird nur in einer ganz bestimmten Richtung ausgenutzt. Es geht um den Konsum.
Man hat den Eindruck, dass diese Verzweckung des Weihnachtsfestes immer noch weiter vorangetrieben werden kann. Man kennt hier kaum mehr noch Grenzen. Aus dem Adventskalender für Kinder blicken einem, wenn man die Türen und Fenster aufmacht, statt Engel Politikergesichter entgegen. Schon im November werden nicht nur Advents-, sondern Weihnachtslieder gesungen, ab September sind die Supermärkte mit Lebku-

chen, Plätzchen und Weihnachtsartikeln ausgestattet. Die Botschaft des Evangeliums wird auch sonst schamlos ausgenutzt, wenn z. B. eine Reklame für Mineralwasser mit dem abgekürzten Evangeliumswort „Nicht von dieser Welt“ arbeitet.

Weihnachten ist gewiss das am meisten missbrauchte, verweltlichte und entleerte christliche Fest. Weihnachten fällt für viele mit einem großen Jahrmarkt der Geschäftemacherei zusammen, wo eine konsumorientierte Welt den Höhepunkt des Jahres feiert. Sonst scheint Weihnachten eben noch eine Sache des wohlfeil-frommen Gefühls zu sein, wo nicht selten eine vage wehmütige Kindheitserinnerung aufkommt, Rückkehrstimmung in eine meist versunkene, ferne und verlorene Heimat.

So ist es kein Wunder, dass vielen dieses Geschäft und diese Gefühlsduselei auf die Nerven geht. Sie haben den Eindruck, Weihnachten solle für einen Augenblick die brutale Wirklichkeit unserer Welt zudecken. Ist Weihnachten nicht ein zutiefst verlogenes Fest, das die Menschen nur deshalb brauchen, weil sie wenigstens für eine kurze Weile sich gerne betrügen lassen wollen über das, was ist?

Was kann man dagegen tun? Es gibt gewiss keine einfachen Rezepte oder schlichte Allheilmittel. Aber wenigstens Einzelne und besonders Familien können schon gegen den Strom schwimmen. Die Kirche hilft uns dabei durch das Kirchenjahr und viele Bräuche. Zuerst sollte man im Advent das Warten lernen. Man nimmt sich die Vorfreude, von der manche sagen, sie sei die wahre Freude, wenn man schon zu Beginn des Advents oder gar noch früher das tut, was seinen Platz erst an Weihnachten hat. Dies gilt nicht nur für Kinder. Wir müssen uns gerade auf solche Feste vorbereiten. Es gibt vom Martinsfest über Nikolaus bis zum Adventssingen viele Gelegenheiten. Die Pfarreien, die Kindergärten und häufig auch die Schulen, Vereine und Verbände laden zur Besinnung ein. Man muss nicht jeden Trend mitmachen. Man findet immer auch Bundesgenossen, die ähnlich denken.

Die christlichen Feste sind geduldig und widerstandsfest. Sie lassen sich am Ende nicht so leicht aushöhlen. Ihr Geheimnis ist tief. Dies haben viele Jahrhunderte schon erwiesen. Und sie sind auch gnädig. Sie lassen jederzeit noch eine Umkehr zu und laden uns dazu ein. Es ist nie zu spät.

ADVENT ALS ZEIT UND SCHULE DES WARTENS UND HOFFENS

In der Erwartung leben

Der Advent erinnert uns daran, dass der Mensch sich nicht begnügt mit dem, was ist, gleichgültig, ob er damit glücklich ist oder unter den faktischen Zuständen leidet. Er lässt sich nicht einfach beschränken auf das jetzt Erreichte, sondern strebt in Richtung besserer Verhältnisse. Dabei erfährt er immer wieder die Gebrochenheit seiner Existenz und die Zwiespältigkeit seines eigenen Daseins und der Welt. Vieles, was er möchte, gelingt nicht. Die Widerstände kommen aus ihm selbst und von außen. Manches, was erreicht worden ist, enthüllt bald seine weniger erfreuliche Rückseite. Auch der Fortschritt kann auf die Dauer die Schatten- und Nachtseite nicht verbergen. Gerade dies erweist, dass der Mensch sich nicht zufrieden gibt mit dem, was uns umgibt und bestimmt. Schließlich strebt er über alles Erreichte hinaus und sucht ein Ganzes, in dem die Verhältnisse stimmig sind, ein Ausgleich, in dem Gerechtigkeit vorherrscht und Frieden waltet. Dabei bedrängen ihn immer wieder die Verlorenheiten des menschlichen Lebens, die vielen Abschiede, die der Mensch immer wieder nehmen muss: von Liebgewordenem, besonders von Menschen, die einem nahe stehen,

schließlich aber auch der Verzicht auf vieles, was wir nicht einfach für immer festhalten können. Dazu kommen der Schmerz und das Leid, Krankheit und Tod. Wie kann da ein stimmiges Ganzes gelingen, das den Menschen wirklich erfüllt?
Die Religionen bezeugen durch alle Verzerrungen und Fehlformen hindurch, dass diese Suche zum Menschen gehört und dass er sich nicht mit unzureichenden Antworten abspeisen lässt, schon gar nicht mit endlichen Dingen, die jedoch für manche einen unbedingten Wert annehmen: Reichtum, Macht, Lust und Prestige. So bezeugen sie auch bei allen Leistungen des Menschen eine letzte Unvollkommenheit, wenn es um die Erfüllung eines tiefen, unstillbaren Hungers und Durstes des Menschen nach einem unzerstörbaren Sinn geht. Besonders der biblisch-christliche Glaube hält immer an beidem fest, nämlich an der Unendlichkeit des Suchens und Verlangens und zugleich an der Unerfüllbarkeit durch irdische Dinge allein. Nur Gott selbst ist es, der diese Sehnsucht zur Erfüllung bringt.
So wird auch wiederum verständlich, dass wir Menschen immer wieder Erwartungen haben und nach Erfüllung streben. Wir wären nicht Menschen, wenn wir nicht zugleich Suchende und Hoffende wären. Wir sitzen aber nicht für immer bloß in einem Wartezimmer. Wir dürfen nicht die Hände in den Schoß legen und auf irgendein Wunder der Erfüllung warten. Wir können das Heil, um das es in diesem stimmigen Ganzen geht, aber auch nicht mit Gewalt und allein durch unsere Tat herbeizwingen. Hier nützen uns die höchste Aktivität

und der noch so stark bewaffnete Kampf nichts. Jede Erwartung muss immer wieder diese Gratwanderung bestehen zwischen einer rein passiven Haltung bloßer Hinnahme und einem Aktivismus, der glaubt, alles hänge nur von ihm selbst ab.

Helfer auf dem Weg

Das richtige Warten und Hoffen ist eine Kunst. Die Weisen der Antike und des Mittelalters haben uns immer wieder gesagt, dass man dagegen zweifach fehlen kann: einmal durch den Übermut und den Stolz, alles selbst bewerkstelligen zu können, und auch durch die Verzweiflung und die Resignation, die nichts mehr erwartet. Dazwischen müssen wir immer wieder Erwartung und Hoffnung einüben. Dies geschieht in den kleinen Schritten unseres alltäglichen Lebens, aber auch in den großen Programmentwürfen für die Zukunft.
Der Advent ist eine einzige große Schule, um das Warten und das Hoffen zu lernen. Dies können wir am besten bei den Menschen sehen, die uns im Advent immer wieder neu vor Augen gestellt werden und die uns in unserer eigenen Erwartung und Hoffnung begleiten. Es sind zuerst die Patriarchen und Propheten des Alten Bundes. Schon Abraham, der Vater des Glaubens, zeigt uns, dass wir uns nicht bei den Fleischtöpfen Ägyptens, d.h. bei dem, was wir hier und jetzt erreicht haben, ewig aufhalten dürfen, sondern dass der Mensch

auch stets in die Fremde berufen ist und auf einen langen Weg geschickt wird. Dabei geht der Weg durch Gefahren und Wüsten, bis er einmal – nicht immer während unserer eigenen Lebensspanne – an das Ziel kommt. Die Propheten haben mit ihrem Wort und ihrem Leben auf diesem Weg der Hoffnung eine ganz entscheidende Rolle. Sie müssen zuerst einmal entzaubern, indem sie uns die Illusionen aufzeigen, denen wir immer wieder verfallen. Sie müssen uns zeigen, wo unsere heimlichen oder offenen Götzen sind, die wir absolut setzen. Sie müssen uns immer wieder die Masken vom Gesicht reißen, hinter denen wir unsere eigenen Interessen und unsere listigen Spiele verstecken. Sie müssen uns auch immer wieder daran erinnern, dass wir in Zeiten der Entbehrung und der Not, der Katastrophen und besonders der Exile den Mut der Hoffnung nicht verlieren und uns nicht durch Enttäuschungen völlig zurückwerfen lassen dürfen. Sie zeigen uns dies in vielen Verheißungen, die in Wort und Bild zu uns gelangen. Da gibt es auch noch in einem dürren Holz die Hoffnung auf einen frischen Spross. Krankheiten werden geheilt. Lahme gehen wieder. Der Wolf und das Lamm, sonst die Symbole tödlicher Zerstörung und des unschuldigen Opfers, wohnen friedlich miteinander. Propheten lehren uns aber auch, dass wir bei der Erfüllung unserer Wünsche und Pläne einen sehr langen Atem brauchen, bis wir durch viele Verzauberungen und Enttäuschungen hindurch in Geduld unser Ziel erreichen.
Es gibt auf dem Weg des Advents viele solcher Gestalten, die uns das Warten und das Hoffen lehren.

Es sind nicht immer wortgewaltige Menschen wie die Propheten. Die Evangelien erzählen uns, dass es gerade auch die Stillen im Lande sind, die auf ihre Weise warten können. Sie rücken uns im Advent besonders nahe.

Die Erfüllung naht

Da ist Johannes der Täufer, der gleichsam in letzter Verdichtung die Propheten des Alten Bundes vertritt. Er steht buchstäblich auf der Schwelle zum Neuen Bund. Aber er kann diesen Bereich selbst nicht betreten. Er muss sich auch immer wieder dagegen wehren, selbst der Messias zu sein. Er will nur dem Herrn den Weg bereiten und ihm die Straßen ebnen. So sagt er im Lukas-Evangelium: „Es kommt einer, der stärker ist als ich, und ich bin es nicht wert, ihm die Schuhe aufzuschnüren. Er wird euch mit dem Heiligen Geist und mit Feuer taufen." (Lk 3,15f.) Von Johannes wird auf diesem Gipfel der Erwartung das Äußerste verlangt: dass er sich nämlich selbst völlig zurücknimmt und nur auf den hinweist, der da kommen soll. Immer wieder werden wir durch ihn an die Vorläufigkeit aller Erfüllung und an unsere Sendung erinnert.
Noch viele stehen unterwegs als solche Weggenossen. Das Zeugnis des Simeon und der Hanna (vgl. Lk 2,21-40) zeigt uns, wie stark der Glaube einfacher Menschen sein kann, und wie sie ihre Hoffnung in einem langen Leben behalten.

Schließlich ist Maria ein besonderes Vorbild offener Erwartung und unenttäuschbarer Hoffnung. Sie weiß um die Niedrigkeit der Magd und um das Elend der Armen. Aber sie weiß zugleich, dass sie in der Offenheit und im gehorsamen Hören auf den Herrn stark wird wie sonst niemand. Wenn sie ganz offen, frei und bereit wird für die Wege Gottes, dann wird sie am meisten erfüllt. Im berühmten „Magnificat" (vgl. Lk 1,46-55), das so viele Künstler und besonders große Musiker angezogen hat, bringt sie die höchsten Erwartungen des Volkes Israel zu Wort und singt das Lied der Hoffnung, das auch noch dem Ärmsten Licht und Freiheit verheißt. „Er erbarmt sich von Geschlecht zu Geschlecht über alle, die ihn fürchten. Er vollbringt mit seinem Arm machtvolle Taten; er zerstreut, die im Herzen voll Hochmut sind; er stürzt die Mächtigen vom Thron und erhöht die Niedrigen. Die Hungernden beschenkt er mit seinen Gaben und lässt die Reichen leer ausgehen." (Lk 1,50-53) Nur in dieser reinen Hoffnung kann Maria die Mutter des Herrn werden.

Wenn die Erfüllung naht, sind diejenigen, die warten konnten und an die Einlösung ihrer Hoffnung glaubten, mit dabei. Nicht die Satten und Mächtigen in den Palästen der Könige, nicht die von Wissen strotzenden Schriftgelehrten erkennen den Herrn der Welt, sondern die Hirten auf dem Feld und die einfachen Menschen. Aber es sind zugleich auch alle Suchenden, die manchmal von weit her kommen. Sie finden ihren schönsten Ausdruck in den drei Weisen, die aus dem Osten kommen und stellvertretend für alle Religionen den

wirklichen Herrn des Himmels und der Erde suchen.
Sie alle stehen am Weg und helfen uns auch heute beim wahren Suchen und Finden, Warten und Hoffen.

IM ANFANG WAR DAS WORT

Gott spricht zu uns

„Im Anfang war das Wort“. Es genügt, wenn wir bei diesem kleinen Wort bleiben, um von da aus für uns selbst diesen reichen Text zu betrachten. Mit vielen Religionen ist Gott gerade dadurch Gott, dass er sich zurückzieht vom menschlichen Reden und Tun. Er ist dadurch der Welt überlegen und dadurch erst wirklich göttlich, dass er schweigt. Für viele Religionen sind die schweigenden Götter das Wahre. In der Tat, jede Rede von Gott braucht dieses wiederkehrende Schweigen, um zu wissen, dass er jenseits unserer Gedanken und Vorstellungen ist, dass unsere Worte nicht mehr ausreichen. Wir müssen immer stärker in dieses Schweigen hineinwachsen, dass der wirkliche, der göttliche Gott zu uns kommt, nicht das, was wir uns darunter vorstellen und in unseren Begriffen vergegenwärtigen. Dennoch sagt die Bibel von der ersten bis zur letzten Zeile: Gott spricht. Er ist nicht dadurch Gott, dass er sich schweigend zurückzieht und ganz außerhalb unserer menschlichen Fragen und Nöte ist, sondern er spricht. Er spricht vielfach, wie es am Anfang des Hebräerbriefes heißt: Vielfach und auf vielerlei Weise sprach Gott durch seine Propheten. Er sprach in Zeichen der Natur, er sprach in Träumen, in Geschichten, ja durch Orakel, durch das Los, er sprach in Worten, die wie Donner vom Himmel kamen, er sprach in Worten, die er Menschen anvertraute. Gott spricht. So können wir verstehen, wenn Johannes sagt: „Im Anfang war das Wort." Gott musste erst selbst sagen, dass er für uns da ist. Er musste offenbaren, damit wir ihn tiefer verstehen. Das geschieht am besten, wenn er selbst uns dies sagt, wenn es nicht nur menschliche Worte über ihn, sondern wenn er selbst uns zeigt, wer er ist, so wie er es im Alten Bund schon getan hat, als er uns seinen Namen geoffenbart hat: Ich bin der, der immer für euch da ist. Nun bekommt dieses Wort „Im Anfang war das Wort, und das Wort ist Fleisch geworden" eine ganz neue Bedeutung. So kann der Hebräerbrief sagen: „Auf vielfache Weise hat Gott gesprochen. Am Ende der Tage hat er sich geoffenbart durch seinen Sohn." Jesus gehört in die Reihe dieser Offenbarungen Gottes, womit er uns ein Gesicht zeigt und sagt, worauf es ankommt. Jesus, das Kind in der Krippe, das so ohnmächtig scheint, ist das Wort Gottes, das entscheidende Wort Gottes, das er in die Welt hinein spricht. Es gibt kein Wort mehr, das dieses Wort überholen könnte. Gott schickt nicht einfach ein ganz neues Wort, sondern er hat alles gesagt im Sohn. Das Leben Jesu, das dann nachher in den Evangelien entfaltet wird, ist das Wort Gottes für uns, indem er sich uns zuwendet, nicht einfach bei sich bleibt, nicht schweigend sich zurückhält, sondern zu uns kommt, indem er einer von uns wird. Dadurch ist er bis in die letzten Stunden seines Lebens ganz bei uns, ganz Immanuel, ganz Gott mit, für und bei uns. An ihm wird deutlich und offenbar, wer Gott ist, wie er für uns da ist, und was er für uns bedeutet.

Das Wort ist Fleisch geworden

Jesus ist, ganz wörtlich verstanden, die Aus-sage Gottes. Da sagt sich Gott aus, wer er ist, auch wenn er uns immer noch im Geheimnis begegnet. Aber hier kann man mit Händen betasten, wer Gott ist, wie er zu uns seinen letzten, höchsten Boten sendet, seinen Sohn.
Dieses Wort erinnert uns an die erste Seite der Bibel. „Im Anfang schuf Gott Himmel und Erde.“ Und es ist kein Zweifel, dass der Evangelist Johannes, als er geschrieben hat „Im Anfang war das Wort“, gleichsam hinter sich die erste Seite der Bibel hat. „Im Anfang schuf Gott Himmel und Erde“, „Im Anfang war das Wort“. Ja, wenn wir die Schöpfungserzählung nachlesen, dann spüren wir, Gott schafft durch das Wort, er braucht keine Technik, er braucht kein Werkzeug, er braucht nichts, was ihm vorgegeben ist, wie wir Menschen etwas schaffen, sondern das, was er spricht, das wird. So hat er ein besonders mächtiges, ein besonders kräftiges Wort gesprochen. So brauchen wir nicht mehr zu unterscheiden, ob wir sagen sollen „Im Anfang war der Tag“, wie Goethe im „Faust“ es meint, sondern wenn die Hl. Schrift sagt: „Im

Anfang war das Wort", dann ist es das wirkmächtigste, das am meisten tatkräftige Wort, das es im Himmel und auf der Erde gibt. Darum ist durch dieses Wort alles geworden, wie das Vorwort des Johannes zu seinem Evangelium uns sagt: „Nichts ist geworden ohne das Wort." Dieses Wort ist, so sagt uns Johannes, für die Menschen zugleich Licht und Leben. Davon erhalten sie Licht, Orientierung, Weisung, Sinn in ihrem Leben, und daran können sie sich halten, davon können sie leben, davon werden sie ernährt. Das Wort schenkt uns Licht und Leben, und dies überall, weil er schon von Anbeginn an der Schöpfung als dieses Wort allem eingestiftet ist. Darum ist die Fleischwerdung des Wortes zugleich ein großes Fest des Menschen, der überall auf der ganzen Welt Schwestern und Brüder aus dem einen Geschlecht entdeckt, viel tiefer, als es jeder Humanismus sagen könnte. Im Anfang war das Wort: Da tut sich alles auf bis in die ersten Gründe des Lebens.

Aber wir dürfen dieses Wort auch noch in einer weiteren Bedeutung sehen – „Im Anfang war das Wort", das gilt auch für unser menschliches Zusammenleben, das gilt auch für unser tägliches Miteinander-Auskommen, sowohl des Einzelnen als auch der Völker. Dieses Wort ist gerade in der so genannten Wendezeit durch das, was die Menschen im Ostblock und im anderen Teil Deutschlands 1989 erreicht haben, auf neue Weise Wahrheit geworden. In seiner Rede zur Verleihung des Friedenspreises des deutschen Buchhandels brachte der tschechische Schriftsteller und Staatspräsident Vaclav Havel zum Ausdruck: Dieses Wort des

Johannesevangeliums „Im Anfang war das Wort“ sei die Zelle des Ausdauerns, sei die Kraft, die nötig sei, um Systeme des Unrechts zu erschüttern. Viel mehr liege darin die eigentliche Waffe, nämlich die Kraft des Wortes anstatt der Gewalt gegen die Verletzung der Menschenrechte, für bessere Gesetze und gegen soziales Unrecht. Wir lachen oft über das Wort, wir sagen „Du redest nur“, und gewiss kann man das Wort benutzen und daraus eine falsche Magie machen. Wie so oft erweisen wir uns auch unwürdig der Macht des Wortes. Aber dann, wenn es trifft, im Guten und im Bösen, dann hat es Macht und Kraft.

Das rechte Wort zur rechten Zeit kann Unglaubliches bewirken. Oft ist es nur ein Wort, so wie in den Monaten der sogenannten sanften Revolution in der Tschechoslowakei ein einziges Blatt durch die Menschen ging und auf diesem Blatt, das die Überschrift hatte „Einige Sätze“, da standen die Forderungen darauf, die nun verwirklicht sind. Immer wieder können wir in allen Ländern feststellen, es war vor allem das freie Wort, nicht das geknebelte, nicht die lautstarke Propaganda, sondern das freie Wort von Menschen, die sich ihre Freiheit nicht nehmen ließen. Dieses Wort ist immer wieder umstritten, umkämpft, weil wir Menschen selbst daraus sofort Instrumente unserer Interessen machen. Dann ist es nicht mehr das Wort der Wahrheit und der Freiheit, von dem alles durchsichtig wird, das prophetisch aufdeckt und anklagt und niemanden aus diesem Kreis der Wahrheit entlässt, sondern es kann ein Wort werden, das verlogen ist bis in den Abgrund hinein.

Darum muss jedes Wort sich letzten Endes messen an dem Wort, das Gott zu uns spricht, und das er selbst ist. Er ist Wahrheit, Licht und Leben, und schließlich ist dieses Wort die Liebe selbst. An diesem Wort müssen wir immer wieder unsere eigenen Wörter messen und sehen, ob sie Zwietracht säen oder ob sie aufbauen. Wie schnell kann man durch ein Wort Welten zerstören zwischen Menschen, und wie kann man durch ein Wort, das notwendig ist, wieder aufeinander zugehen, wieder neu Gemeinschaft, wieder neu Versöhnung stiften. Das kleine Wort hat eine so große Macht. Darum sind wir Menschen erst dann wirklich Menschen, wenn wir auch Menschen des Wortes sind.

Zum Wort gehört freilich auch das Schweigen. Das Wort kommt immer aus dem Schweigen heraus, wenn es ein bedachtes, ein ruhiges Wort ist. Gerade das Wort, das wir im Gebet brauchen, mit dem wir uns versuchen, Gott zu nähern, mit dem wir zu ihm sprechen, muss ein Wort sein, das aus der Anbetung, aus der Stille unseres Herzens kommt. Denn dann, wenn wir ruhig geworden sind, wenn wir alles abgestreift haben, dann erst sind wir fähig, das gemäße, erfüllte Wort zu sagen. Uns wird an Weihnachten gesagt: „Im Anfang war das Wort." Dieser Anfang ist nicht bloß etwas, was irgendwann einmal war, auf das wir wie von ferne zurückblicken, sondern dieser Anfang ist bleibender Grund, Fundament von allem, was wir tun, in dieser dreifachen Bedeutung. „Im Anfang war das Wort" ist und bleibt Jesus, das entscheidende Wort Gottes für die Welt, und im Anfang hat das Wort, das Licht und Leben ist, alles gegründet und durchwirkt es bis zum heutigen Tag. Schließlich ist das Wort die größte Macht in der Kommunikation, im Leben der Menschen. Denken wir in diesen Tagen daran, dass das Kind in der Krippe bei aller Ohnmacht und in aller Verborgenheit und Unscheinbarkeit uns dies sagt. Weihnachten und die Zeit, die jetzt folgt, ist immer größeres Entfalten des Geheimnisses, das das Kind in der Krippe ist. Erst staunen wir, Gott wird ein Kind, dann müssen wir entdecken, wie weit die Herrschaft dieses Kindes geht.

Was ist der Mensch ...

Das ist schon eine Art Revolution des Neuen Bundes. Denn in den Zeiten vor der Offenbarung des Alten und erst recht des Neuen Bundes, da galten die Götter, galt Gott als wirklich göttlich, wenn er schweigt, wenn er bei sich bleibt, wenn er selig in sich selbst ruht. Da war es undenkbar zu sagen: Gott spricht. Und viel weniger: Gott schickt jemanden, das Gesetz, Propheten, sogar seinen Sohn. Gott ist Gott, wenn er selig in sich selbst lebt. Das aber ist die Revolution des biblischen Gottes, dass Gott der Welt mitteilen möchte von dem, was er selbst ist. Er teilt sich mit, dadurch, dass er schafft, dadurch, dass er uns beim Namen ruft, dadurch, dass er seinen Sohn in die Welt schickt, um uns zu befreien und zu erlösen.

Weihnachten sagt darum ganz Entscheidendes aus über das Bild Gottes. Und dadurch, dass Gott Mensch wird, sagt es auch sehr viel mehr noch aus über den Menschen, über die Würde des Menschen: dass Gott in ihm Wohnung nehmen kann, dass, wenn Gott in die Welt kommt, er Gott bleibt, auch wenn er ein Mensch wird. Und dass der Mensch wirklich fähig ist, diesen Gott zu empfangen, nicht im Sinn einer schlechten Vermischung: Gott bleibt Gott und der Mensch bleibt Mensch.
Und so ist Gott wirklich Mensch geworden. Darum sagt Weihnachten soviel über den Menschen – aber nur von Gott her. Nicht weil wir das alles aus uns selber wüssten, nicht weil das alles einfach eine anthropologische Weisheit wäre, die wir selbst erfinden könnten. Er zeigt uns, was der Mensch ist und wer der Mensch ist. Und er zeigt uns dies auf eine ganz unvermutete Weise. Er nimmt nicht Platz in einem fertigen Genie, irgendeinem Idol, das die Massen anbeten, sondern er kommt im Zeichen des Widerspruchs, in einem kleinen Kind. In einem Kind, das sich nicht wehren kann, das alles, was wir sonst in der Welt mit hohen Auszeichnungen versehen, nicht hat. Wir dürfen nicht vergessen, dass über viele, viele Jahrhunderte, Jahrtausende, ja, bis in unsere Zeit hinein das Kind eigentlich nur gesehen worden ist auf dem Weg zum Erwachsenwerden, aber nicht als eine eigene Stufe für sich, nicht mit einer eigenen Würde. Jesus stellt das Kind in die Mitte, er selbst wird als ein Kind in unserer Mitte sichtbar. Damit wird die Würde eines jeden Menschen, auch wenn er klein ist, auch wenn er schwach ist, auch wenn

er arm ist, auch wenn er behindert ist, deutlich. Gott zeichnet den Menschen aus, Gott schenkt ihm die Würde, darum können wir sie ihm auch nicht nehmen. Wir sind es nicht, weder der Staat noch sonst irgend jemand, der dem Menschen die Würde gibt.
Darum ist hier ein Maß vor allen anderen Maßstäben unseres Lebens: das Kind in der Mitte, seine Würde. Dann fällt uns ein, was wir dagegen tun, wo wir uns dagegen versündigen, dass wir jedes Jahr auf der ganzen Welt Millionen von Menschen durch die Abtreibung keine Einlasskarte geben in unsere Welt, nicht einmal den Anfang lassen wir zu. Und wie viele Menschen, wie viele Kinder sterben täglich, wöchentlich an Hunger. Kürzlich las ich eine Zahl: 250.000 Kinder in der Woche. Das kann uns gerade an Weihnachten nicht kalt lassen.

„Alle Enden sehen das Heil unseres Gottes“

Es ist so einfach zu sagen: „Alle Enden sehen das Heil unseres Gottes.“ Denn er ist ja gerade gekommen, damit wirklich alle das Heil Gottes sehen. Das kleine Wort, das uns manchmal so leicht von den Lippen geht: für alle. Da müssen wir uns selber wirklich aufschließen, da müssen wir selbst wirklich offen werden, um zu sehen, wer neben uns gemeint ist, wer mit uns gemeint ist. Darum: Wenn Gott uns an Weihnachten die Würde jedes einzelnen Menschen aufzeigt, sagt er zugleich etwas aus über die Einheit der Menschheit, dass wir zusammengehören als Schwestern und Brüder. Nicht in irgendeinem abstrakten Traum, nicht in irgendeinem verlassenen Internationalismus, auch nicht einer folgenlosen Begeisterung, sondern jeder repräsentiert sogleich die ganze Menschheit. Da sind wir heute nicht weniger in Gefahr als gegenüber dem einzelnen Menschen. Immer mehr Welten entstehen, nicht nur eine erste, zweite, dritte, vierte Welt, sondern mehr Welten, weil Menschen in ganz unterschiedlichen Beziehungen und Bezügen leben, weil unsere wirtschaftliche Entwicklung, die Globalisierung, die unaufhaltsam ist, ganz unterschiedliche Verhältnisse schafft in einzelnen Teilen der Welt. Und auch da, wo nun wirklich eine Entwicklung in einer neuen Dynamik möglich ist, sind es oft wieder die Armen und Ärmsten, die nicht profitieren.

Die Einheit des Menschengeschlechts muss wirklich so sein, dass wir Solidarität üben, dass wir enger zusammenrücken in unseren Lebensbedingungen, dass wir uns nicht damit zufrieden geben, dass wir verschiedenen Gruppen, verschiedenen Ländern und dort wieder verschiedenen Berufen und Menschen ein bisschen mehr Wohlstand geben können. Vergessen wir nicht, wozu wir gerade von Weihnachten her gesandt sind: „Alle Enden der Erde sehen das Heil unseres Gottes.“ Damit werden wir nie fertig werden. Das ist wirklich ein Wort für die ganze Geschichte. Aber wir dürfen nie einfach lockerlassen. Wir dürfen nie erlahmen, wir dürfen nie resignieren, dieses kleine Wort „alle

Enden der Erde“ bitter ernst zu nehmen: alle Winkel, keinen ausgenommen, niemanden abschreiben, keinem die Hoffnung nehmen, gerade den Hoffnungslosen nicht auch noch den letzten Funken auslöschen.

Weihnachten ist alles andere als nur Romantik. Da ist es gut und schön, wenn wir uns freuen, wenn wir uns Zeit nehmen füreinander, wenn wir miteinander wieder neu umgehen und Frieden schließen. Wie wollten wir es sonst tun, wenn wir es nicht im engsten Kreis tun. Aber dann wird auch der Blick wieder weiter, bis an die Enden der Erde. Gott weiß, in welche Welt er seinen Sohn schickt. Unterwegs wird er geboren, weil in der Herberge kein Platz für sie war, und schon stehen Herodes die Pläne im Kopf, wie er verhindern könnte, dass da irgendein Anwärter auf den Thron im Weg stehen könnte. Er muss ihn möglichst schnell um die Ecke bringen, Kindermord in Betlehem, die Flucht nach Ägypten – hinter der Krippe kommt langsam, wie ein Wasserzeichen, auch an Weihnachten das Kreuz in Erscheinung. Darum wissen wir, dass Gott seinen Sohn mitten in die Welt der Ungerechtigkeit und des Unfriedens schickt, dass da nicht irgendein bisschen Licht über die Erde gestreut wird, damit wir das andere vergessen, damit unsere Sorgen zugedeckt werden. Nein, gerade in diese Welt hinein kommt Gott. Nicht in irgendeine imaginäre, nicht in eine mit allen möglichen Lichtern versehene und mit vielen Spielereien, sondern in unsere reale Welt.

„Alle Enden sehen das Heil unsres Gottes“, heißt es an anderer Stelle. Das muss uns eine neue Kraft

geben, eine neue Kraft, aus dieser Zuwendung Gottes in Liebe zur Welt zu leben, auch und gerade gegen Widerstände Zeugnis zu geben von dieser Zuwendung Gottes zur Welt, der niemanden abschreibt, der keinen auf der Strecke lässt.
Weihnachten trifft so unsere Zeit in das Herz. Immer wieder müssen wir dafür sorgen, dass die Würde des einzelnen Menschen nicht auf der Strecke bleibt. Bei unseren wirtschaftlichen Entwicklungen, auch wenn wir sie nicht verfluchen, müssen wir aufpassen, dass nicht Menschen in einer anderen und neuen Sozialkultur unter die Räder kommen und unter den Rädern bleiben. Und wir müssen aufpassen, dass in unseren biologischen und medizinischen wissenschaftlichen Labors bei vielen Experimenten die Würde des Menschen nicht auf der Strecke bleibt. Da ist Weihnachten eine unaufhörliche Mahnung für uns und zugleich eine Verheißung, dass wir die Kraft haben, diesen Maßstab Gottes für den Menschen einzuhalten, dass er selber nicht einfach ein Mittel werden darf für unsere Zwecke, dass wir ihn nicht einfach als ein Kalkül für unsere Pläne missbrauchen dürfen. Weihnachten weist immer wieder hinaus in die weite Welt.

DIE MENSCHLICHKEIT GOTTES

Keine Flitterwelt

Ob es uns passt oder nicht: Weihnachten ist eine Macht. Es bewegt – wie sonst kein Anlass – für viele Wochen die Geldströme. Es bringt auch die Gemüter der Menschen in Bewegung, wenn nicht gar die Herzen und den Geist. Viele, denen der Rummel auf die Nerven geht, haben versucht, sich dem Wirbel zu entziehen. Meist vergeblich. Sie ärgern sich weiter, wie dieses Familienfest sentimentalisiert und kommerzialisiert, das geistliche Fest verkitscht und entstellt wird. Immer früher im Jahr sollen die glitzernden Attrappen von Weihnachten Käufer auf die Beine bringen.
Viele lehnen gerade darum das Fest ab. Für sie ist es der Inbegriff der bürgerlichen Maske. Kann man im Angesicht einer Welt des Hasses, der Angst, der Friedlosigkeit und der Erniedrigung des Menschen Weihnachten als Fest der Liebe erfahren? Ist es nicht bloß Gleichgültigkeit oder die Gewöhnung an jahrhundertealte Sitten und Gebräuche, Geschenke und Lichterketten? Sie wollen das zu Tode malträtierte Fest nicht mehr retten, sondern die idyllische Stimmung von Weihnachten geradezu schockierend stören und uns vor das Schreckliche dieser Welt stellen: verhungernde Kinder gegen

das Wonnekind, Waldsterben gegen Christbaumzauber, „Krieg der Sterne“ gegen Friedensbeteuerungen. Dies kann sich steigern bis zum trotzigen „Nein“ zur Ausbeutung und Gewalt, zur Weihnachtslüge.
Ich verstehe diese Aggressionen. Sie versuchen der gefährlichen Macht der Konvention ihren Protest entgegenzuschleudern. Von Bert Brecht bis Martin Walser gibt es dafür viele entzaubernde und erschreckende Texte. Aber ist das Nein und die Weigerung wirklich alles? Gibt es nicht inmitten von vielen Verbrämungen und Entstellungen etwas, was diesem Verfall doch Widerstand leistet? Könnte dieses Fest sonst trotz Konvention und Beharrungsvermögen überhaupt noch existieren? Die christliche Weihnachtsgeschichte mag legendenhafte Züge tragen, aber sie ist keine fromme Idylle. Die Freude über die Geburt Jesu Christi hat die äußerste Armut nicht weggewischt. Menschen sind ungeachtet ihrer persönlichen Situation auf Befehl von „oben“ unterwegs, niemand nimmt die Fremden auf, ein Kind steht obdachlos vor den Türen unserer Häuser, Angst um Machtverlust schont nicht einmal unschuldige und ohnmächtige Kinder, die Flucht ins ägyptische Exil schafft neue Heimatlosigkeit ... Dies ist nicht der Stoff, aus dem goldene und luftige Träume gewoben werden, sondern der nüchterne Boden unendlich mal erlebter und erlittener Geschichte. Hier sind wir weit weg vom Mythos. Die Krippe weist voraus auf das Kreuz, mächtige Feinde vertragen sich gut auf dem Rücken der Schwachen, der Stall und der Galgen sind draußen vor den Toren der Stadt. So

gehören auch heute die Armen der ganzen Welt, die Gefolterten und die von Bomben Zerfetzten zur Weihnachtswirklichkeit. Darum besuchen wir nicht nur am Weihnachtsfest, aber auch und gerade an diesem Tag die Gefangenen und Asylanten, die Obdachlosen und Suchtabhängigen, die Alten und die Kranken.

Die Gestalten an der Krippe

Aber ist dies alles, was an diesem Tag die Welt bewegt? Jedenfalls gibt es um die Krippe und den Stall Menschen, die sehen und verstehen, sowie Blinde und Taube. Weder der römische Tribun noch der volkseigene Fürst sehen etwas vom verborgenen Glanz. Sie besitzen ihre Macht aus sich und für sich. Die Geburt des Kindes in Betlehem war in den Kategorien und Paragraphen von Jerusalem nicht vorgesehen. Angst und Furcht sowie der Ruf nach dem Schwert sind die Antwort. Die Paläste und großen Häuser der Besitzenden waren nicht die Orte und Herbergen Jesu. Dass der Mensch Dinge sein Eigen nennt, ist nicht schon von Übel. Auch der Besitz könnte und sollte Segen sein. Aber die Dinge, an die wir uns klammern, und die uns gefangen nehmen, können die Sicht verstellen. Sie ersticken jedes andere Interesse. Auch die Wissenden tun sich vor der Krippe schwer. Wenn sie in die eigenen Konstruktionen verliebt sind, vermögen sie kaum mehr etwas von dem zu entdecken, was nicht in ihren Büchern steht. Die Schriftgelehrten von damals zeigen uns, dass Kirchenmänner und Theologen davon nicht einfach ausgenommen sind. Wer wirklich wissend ist, kann sich überraschen lassen, hat das Staunen und die Demut nicht verlernt. Da gibt es aber – von den Engeln abgesehen – noch andere Menschengruppen. Es sind zunächst die Hirten: Menschen mit weitem Horizont, offen für die Zeichen am Himmel der Geschichte, wachsam gegenüber allem Neuen; Männer der Erwartung und der Bereitschaft, des Wunders fähig. Es sind Menschen der wachen Gläubigkeit, die gerade darum auch fähig sind, Scharlatane zu entlarven. Schließlich sind es die Weisen: Menschen mit unstillbarem Hunger und Durst nach Wahrheit, unermüdlich Suchende, treu dem inneren Ruf, misstrauisch gegenüber der sicheren und behaglichen Sesshaftigkeit. Und da sind Maria und Josef. Das Dunkel der Nacht konnte sich nur in Licht, die Eiseskälte nur in heilende Wärme wandeln, weil Maria sich mit ihrem freien Ja dem Anruf Gottes ergab; ähnlich wie Josef, der als Mann des Schweigens die Last eines unruhigen Gewissens und der Verantwortung in der unbekannten Fremde nicht scheute.

Den Menschen in Gott retten

Für diese offenen Menschen hat in dieser Nacht Gott gesprochen. Sie haben ihn nicht in die Grenzen und Schranken ihrer Nützlichkeit und Berechnung eingesperrt und eingeengt. Er war für sie nicht nur dazu da, um sie in ihrem Eigensinn und Eigenwillen zu bestätigen. Sie haben Gott nicht die Möglichkeiten seiner Wahrheit versperrt. So konnte er sich offenbaren, im Kind sich zeigen. Gerade weil das Kind offen ist für alle Möglichkeiten – vielleicht besteht darin seine wirkliche „Naivität" –, hat Gott sich in ihm enthüllt. Er verbirgt seine Größe in der ohnmächtigen Gestalt des Kindes, wie später die Herrlichkeit im Zeichen des Kreuzes. Nur wer sich von Gott überraschen und überwältigen lässt, kann seine Wege entdecken.

Seit jener Nacht ist der Mensch in seiner Würde wieder neu entdeckt. Es zeigt sich nicht nur, was alles an Grausamem im Menschen wüten kann, sondern Gott lässt uns in den Abgrund unserer selbst blicken: Wir sind nicht nur fähig, ihn zu erkennen, sondern einer von uns durfte zur Gestalt, zum Wort, ja zum Sohn Gottes in dieser Zeit werden. In einem noch viel tieferen Sinne, als es Dichter und Denker längst verkündeten, konnte der Mensch zum „Bild" Gottes werden. Darum ist jeder Protest gegen das geschundene Menschenantlitz, gegen den krummen Gang von Menschen in die Unfreiheit und gegen die Härte eines Eigensinns, der alles bloß für sich verbraucht, in höchstem Recht.

Wie können wir Weihnachten wieder entziffern? Gott gibt uns die Erlaubnis, ganz unten und bodenständig damit anzufangen. Auch das „Niedrigste" – und was wir so nennen – ist nicht ausgeschlossen. Wir müssen zuerst das Menschliche neu sichtbar machen, wenn wir das Geheimnis von Weihnachten entdecken wollen. Nur wenn wir den Menschen retten, kann sich Gott im Menschen enthüllen. Die Geburt Jesu Christi macht uns Mut, die Gedanken zu weiten, die Hoffnung zu stärken, Ja zum Nächsten zu sagen, Schuld zu vergeben und Frieden zu stiften. Wenn wir an Weihnachten damit einen neuen Anfang machen, haben wir – ob wir es wissen oder nicht – seine verborgene Kraft entdeckt, dürfen in selten überschwänglicher Freude feiern und einander Zeichen des Wohlwollens, ja der Liebe schenken.

DIE ANNAHME DES MENSCHEN

Es gibt in der Bibel Texte zu Weihnachten, die jeder kennt. Die Erzählung von der Geburt im Stall, den unverbildeten Hirten auf dem Feld, dem blutrünstigen Herodes und der Anbetung der Magier. Musik und Kunst, Theologie und Spiritualität haben sie immer wieder bis zum heutigen Tag neu erschlossen. Daneben gibt es aber weniger beachtete Texte, die jedoch so etwas wie einen weihnachtlichen Hintergrund haben. Vor kurzem habe ich selbst wiederum eine solche Entdeckung gemacht. Die Bibel ist unerschöpflich. Man liest sie von den verschiedenen Lebenserfahrungen her immer wieder neu.

Er hat uns angenommen

Im Römerbrief des heiligen Paulus ist öfter von verschiedenen Menschen und auch Menschengruppen die Rede, die in Spannung zueinander stehen und die er miteinander versöhnen möchte. Auch sonst ist dies für ihn ein wichtiger Teil des Evangeliums. So sagt er z. B. im Brief an die Galater: „Es gibt nicht mehr Juden und Griechen, nicht Sklaven und Freie, nicht Mann und Frau;

denn ihr alle seid ‚einer' in Christus Jesus." (3,28) Die Versöhnung soll die Mauern niederlegen, die zwischen Menschen aufgerichtet worden sind. Im Brief an die Römer sind es nun die „Starken" und die „Schwachen" in der Gemeinde, die sich gegenseitig bezichtigen. Für alle diese Konflikte kennt Paulus nur eine Lösung: Keiner darf für sich selbst leben. Jeder muss Rücksicht nehmen auf den Nächsten. So müssen auch die Starken die Schwachen ertragen. In diesem Zusammenhang nun begründet Paulus die Mahnung, die er an vielen Stellen seines Briefes zur Sprache bringt, mit einer für ihn offenbar grundlegenden Erkenntnis: „Darum nehmt einander an, wie auch Christus uns angenommen hat, zur Ehre Gottes." (Röm 15,7) Es ist meine feste Überzeugung, dass dieser kleine Satz viel mit Weihnachten zu tun hat.

Gott kommt zu uns

Jesus Christus hat uns angenommen. Dies geschieht vielfach. Zuerst ereignet sich diese Annahme in seiner Geburt. Er kommt zu uns aus der Mitte Gottes selbst. Er ist das Wort des Vaters, die Aussage Gottes in die Welt hinein. Der dreifaltige Gott thront nicht einfach selig in sich selbst, sondern er ist immer schon offen auf die Menschen und ihre Geschichte und nimmt teil an ihrem Geschick. Er bleibt dennoch ganz Gott. Indem Jesus als der Sohn Gottes selbst Mensch wird, steigt Gott

selbst tief hinab in unsere Menschenwelt. Mit unnachahmlichen Worten sagt es der Brief an die Philipper: „Er war Gott gleich, hielt aber nicht daran fest, wie Gott zu sein, sondern er entäußerte sich und wurde wie ein Sklave und den Menschen gleich. Er erniedrigte sich und war gehorsam bis zum Tod, bis zum Tod am Kreuz." (2,6f)
Diese Menschwerdung ist eine geradezu dramatische Bewegung, die in der Sendung durch den Vater beginnt, in der Geburt aus der Jungfrau Maria in die Welt eintritt und über die vielen Geheimnisse des Lebens Jesu bis in die Erfahrung der äußersten Finsternis reicht: Verwerfung, Passion, Gottverlassenheit, Tod am Kreuz, Abstieg in das Reich des Todes. Die Geburt Jesu Christi, die wir an Weihnachten feiern, ist gewissermaßen nur ein Glied in der ganzen Bewegung dieses Kommens Jesu Christi. Man darf sie gewiss eigens festlich begehen, aber man darf sie auch nicht fein säuberlich von den anderen Geheimnissen des Lebens Jesu abtrennen. Sonst zerstört man auch das Mysterium der Weihnacht. Zur Krippe gehört das Kreuz, aber auch das Gloria der Engel und die Anbetung der Könige.

Mensch geworden

Das Wort sagt noch mehr. Jesus Christus hat uns angenommen, indem er Mensch geworden ist. Der Sohn Gottes hat eine menschliche Natur angenommen und kennt so den Menschen aus eigener Erfahrung. Er kennt zwar nicht die Sünde, aber Anfechtung und Versuchung. Er kennt den Schmerz und das Leid. Er kennt die Unvernunft und den Hass, Ablehnung und Verrat, Gewaltanwendung und Todesangst. Nichts Menschliches ist ihm fremd. Gerade weil Jesus auch um unsere Schwachheit weiß, kennt er den Menschen auch von innen her. So hat Jesus uns bereits durch seine Geburt akzeptiert, indem er unsere Menschennatur angenommen hat. Sie hängt aber nicht wie ein auswechselbarer Mantel lose um seine Schultern. Sie ist nicht zu verwechseln mit Theaterkleidern, die jemand sich ausleiht, um eine Weile mit einer geliehenen Uniform eine andere Rolle zu spielen. Er ist wirklich Mensch geworden und hat unsere konkrete Natur im Tun und Leiden bis zur Neige durchlebt. Gott spielt nicht eine Weile unverbindliches Welttheater und entzieht sich wieder dem menschlichen Schicksal, sondern er nimmt mit blutigem Ernst daran teil. Ja, gerade weil er selbst ohne Sünde ist, spürt er die Wucht und Härte des Bösen noch viel stärker.

Doch das Geheimnis ist damit noch nicht ausgeschöpft. In der Heiligen Schrift bekommt die Aussage, dass Jesus Christus uns angenommen hat, noch eine letzte Steigerung. Wenn Jesus uns fehlbare Menschen akzeptiert, dann muss er auch unsere Schuld und unsere Sündigkeit auf sich nehmen. Wir sagen gewöhnlich, dass er „für uns" sein Leben hingegeben hat, ja „für alle" gestorben ist. Paulus steigert jedoch diese Annahme des Menschen durch Jesus bis in sein Leiden hinein fast bis zur Unerträglichkeit, wenn er z. B. sagt, Gott habe „den, der keine Sünde kannte, für uns zur Sünde gemacht, damit wir in ihm Gerechtigkeit Gottes würden“ (2 Kor 5,21), oder wenn an anderer Stelle gesagt wird, Christus sei „für uns zum Fluch geworden“ (Gal 3,13), damit uns der Segen Abrahams zuteil würde. Hier ist eine solche Identifizierung ausgesprochen, dass man den Eindruck gewinnt, Jesus wolle sich vor Gott von seinen Brüdern und Schwestern, den Sündern, nicht mehr unterscheiden. Hier ist in höchstem Maße Annahme des – sogar schuldigen – Menschen durch Gott geschehen. Es ist verständlich, dass die Theologie aller Jahrhunderte zu stammeln beginnt, wenn sie auf diese Aussagen zu sprechen kommt.

Wir sehen dieselbe Grundrichtung in der Annahme vieler Menschen durch Jesus, die in der damaligen Gesellschaft nichts wert waren oder als gestrauchelt galten. Jesus nimmt sie an als Schwestern und Brüder, ja er identifiziert sich sogar selbst unmittelbar mit ihnen: den Kindern und Frauen, den Kranken und Elenden, den Obdachlosen und Fremden, aber auch mit den abgewiesenen Jüngern und den treuen Zeugen. Es genügt ein Zeugnis aus der Rede vom Weltgericht: „Was ihr für einen meiner geringsten Brüder getan habt, das habt ihr mir getan.“ (Mt 25,40)

Diese Annahme des Menschen geschieht bereits an Weihnachten. An diesen Beispielen wird nur offenkundig, wie konkret das Annehmen der menschlichen Natur auch im öffentlichen Wirken Jesu wird.

Nehmt einander an

Jesus hat einem solchen Verhalten eine tragfähige Grundlage geschenkt. Aber das darf sich nicht auf ihn begrenzen. Er ist Grund und Vorbild, möchte aber auch hier Nachfolger haben. Darum ist der kleine Satz so ungeheuer wichtig: „Darum nehmt einander an, wie auch Christus uns angenommen hat, zur Ehre Gottes." Aus dem vorbildlichen Verhalten Jesu Christi wird nun nämlich eine elementare Lebensregel der Christen. Mag auch das Wort „annehmen" nicht so oft vorkommen und eher abgenutzt-alltäglich erscheinen, so ist die gegenseitige Annahme doch die entscheidende Grundnorm für den Umgang miteinander. Die gegenseitige Annahme ist das Grundgesetz biblisch bezeugten Zusammenlebens. Und gerade dies weist wiederum auf die Menschenfreundlichkeit Gottes und die von ihm genährte Menschlichkeit hin, die an Weihnachten in die Welt gekommen sind.
Das Wort „Annahme" klingt zuerst harmlos. Aber es reicht tiefer, als wir gewöhnlich denken. Es geht nicht nur um Solidarität, wo man für einen anderen aufgrund gemeinsamer Interessen ähnliche Gefühle hegt und darum für ihn eintritt. Die Annahme, von der hier die Rede ist, bedeutet auch nicht einfach eine äußere Anerkennung und Hilfe für den anderen, sondern ist eine freundliche und hilfsbereite Grundtugend mit der Folge, Brüder und Schwestern in engste Gemeinschaft aufzunehmen. Bei einer solchen Annahme geht es um

die Mitte der Person des anderen: Man muss ganz und gar Ja sagen zu ihm.
Die Aufforderung des heiligen Paulus, „Darum nehmt einander an", klingt wie eine allgemeine ethische Spielregel, die man gewiss auch in den Hochformen der antiken Welt findet. Eine innerweltliche Humanität allein reicht jedoch zur Motivierung dieser Annahme nicht. Darum sagt Paulus ausdrücklich (vgl. Röm 14,3), dass Gott selbst sich aller annimmt, und dass er besonders die „Schwachen" bevorzugt. Wir Menschen ziehen den Stärkeren vor. Darum muss Gott selbst uns immer wieder durch seinen Geist dazu bewegen, den Stärkeren und den Schwächeren ohne Ansehen der Person und ohne Vorbehalt anzunehmen. Wir wissen, wie schwer dies ist. Es gibt so viele Möglichkeiten der Abneigung und des Misstrauens, der Zurückweisung und des Desinteresses, dass Gott selbst grundlegend die Würde eines jeden Menschen schützen und uns daran immer wieder erinnern muss. Genau dies geschieht auch an Weihnachten, denn das Kind in der Krippe ist eine lebendige Mahnung dafür, wie sehr der Mensch in seiner Armut und Ohnmacht der Zuwendung bedarf.

Menschliche Grunderfahrung

Die Heilige Schrift spricht mit der wechselseitigen Annahme als der entscheidenden Basis menschlichen Zusammenlebens eine Erfahrung an, deren Notwendigkeit auch die Wissenschaften vom Menschen immer mehr anerkennen. Psychologie und Psychotherapie belegen uns, wie sehr es darauf ankommt, dass z. B. Frauen und Männer es wagen, einen bestimmten Punkt zu überschreiten: sich selbst loszulassen und auf Machtspiele zu verzichten, statt dessen radikal füreinander offen zu sein. Darin ist auch eingeschlossen, dass die Menschen sich nicht als isolierte Individuen verstehen, die nur ihre eigenen Wege gehen, sondern dass sie offen aufeinander zugehen und wirklich neue Beziehungen aufnehmen, durch die sie sich gegenseitig stützen. Dann erfahren sich auch die Beteiligten nicht länger als austauschbar, sondern sie werden in ihrer jeweiligen Einmaligkeit entdeckt. Auf einem solchen Boden wachsen auch Gemeinsamkeit und Teilhabe. Ein reiches Netz von Beziehungen, worin das Anderssein des Menschen anerkannt wird, macht auch fähig, Konflikte auszuhalten. Wer nämlich unbeweglich an sich selbst festhält, die eigenen Ansprüche zum einzigen Maß macht und nicht in der Lage ist, sich selbst zu überschreiten und sich auch selbst ungeschützt in eine Gemeinschaft hineinzugeben, kann den anderen nicht unbefangen annehmen und dann auch gar nicht wirklich gemeinschaftsfähig werden.

Begegnung mit dem Fremden

Diese Überlegungen erreichen einen Höhepunkt, wenn es um die Begegnung mit dem Fremden geht. Er wird gewöhnlich am schwersten angenommen. Er erweckt Misstrauen. Der Mensch muss immer wieder eine uralte Angst überwinden, der Fremde gefährde ihn. Vorsicht ist auch heute überall zu spüren. Um so notwendiger ist die Öffnung und Bereitschaft zur Aufnahme. Ohne einen minimalen Vertrauensvorschuss gibt es keine Begegnung mit einem Fremden. Wenn wir ihn verweigern, bleiben nur Ablehnung, Zurückweisung, ja Feindschaft. Dies kann sich jedoch nur der, der den Fremden als seinesgleichen akzeptiert. Ohne die Anerkennung ebenbürtiger Menschenwürde des Fremden ist dies nicht möglich. Erst dann entsteht die Frage, ob wir am Ende durch die Begegnung mit dem Fremden nicht selbst reicher werden.

Wir erleben es immer wieder, wie schwer wir uns mit dieser Annahme des Fremden tun. Weihnachten lehrt uns den Geist Jesu Christi, der sein Leben eingesetzt hat für alle, auch für die noch so Fremden. Darum können wir in jedem Fremden auch Jesus selbst begegnen. In unserer Mitte steht einer, den wir nicht kennen.

Auch zu Hause kann man ein Fremder werden. Jesus, der selbst alle Fernen zu Nahen machte, kam in seine eigene Welt, wurde aber nicht erkannt. „Er war in der Welt, und die Welt ist durch ihn geworden, aber die Welt erkannte ihn nicht. Er kam in sein Eigentum, aber die Seinen nahmen ihn nicht auf.“ (Joh 1,10f) Dies ist die tiefe Tragik über dem Leben und der Sendung Jesu Christi. Dies zeigt sich auch bereits am Anfang seines Lebens. In der Herberge war kein Platz für ihn. Weihnachten ist keineswegs nur das Fest leuchtender Glorie. Es gibt auch diese dunklen Töne, die uns nachdenklich machen. Jedes Weihnachtsfest ruft uns zu: Du sollst die Menschen aus der Nähe und aus der Ferne als deine Schwestern und Brüder annehmen, so wie Jesus sie angenommen hat. Umkehr zu dieser Menschlichkeit tut Not, gerade heute. Ohne sie wäre Weihnachten ein verlogenes Fest.

DAS FEST DER VERSÖHNUNG

Unsere unversöhnte Welt

Man sagt, Weihnachten ist das Fest der Versöhnung. Wir freuen uns, wenn die Menschen unserer Tage immer wieder in dieser Festzeit die Gelegenheit haben, dabei auch Konflikte zu vermeiden oder sich nach einem Streit wieder auszusöhnen. Das gilt nicht nur für unsere kleinen Lebenskreise von Ehe und Familie und Freunden, sondern auch für die große Politik. Immer dann, wenn es gelingt, dass wir Feindschaft verringern und aufeinander zugehen, auch wenn wir unvollkommen bleiben, dann geschieht ein kleines oder großes Fest der Versöhnung.
Man muss sehen, was Versöhnung wirklich von Weihnachten her heißt, damit es keine Enttäuschung wird, und damit wir wissen, wie wir angefordert sind. Das Wort von der Versöhnung ist nur möglich, wenn wir auf das Kind in der Krippe schauen. Gott kommt in eine unversöhnte Welt. Und wir spüren es von damals bis heute: Die Eltern sind unterwegs zur Volkszählung – im Flüchtlingsschicksal wie eh und je; es ist kein Platz für sie in der Herberge – Obdachlosigkeit, Wohnungsprobleme für viele Menschen; Herodes wird diesem Kind bald nachstellen, weil er in ihm einen Konkur-

renten fürchtet – Gerangel um politische Macht bis zum Äußersten ..., und so geht es weiter. Darum ist die Krippe auch ein Zeichen der Ohnmacht und ein Zeichen, dass Gottes Sohn in unsere Welt kommt und den Nöten und dem Elend der Welt ausgesetzt bleibt. Nur darum kann er uns wirklich erlösen, weil er wirklich zu uns kommt, weil er all das annimmt, was Menschen bedrängt.

Gott kommt in eine unversöhnte Welt, und gerade darum ist es wichtig, dass wir sehen, was die Versöhnung von uns verlangt. Sie verlangt zunächst einmal, dass wir aufeinander zugehen. Wir wissen, wie schwer das manchmal ist, wie lange wir uns davor drücken. Die Theologie spricht von der zuvorkommenden Gnade. Alles aufeinander Zugehen ist Zuvorkommen, nicht nur im Sinne der Höflichkeit, dass wir einander zuvorkommen, sondern so, dass wir etwas riskieren, dass wir etwas in die Waagschale der Versöhnung werfen: nämlich dass wir eine Vorleistung tun, dass wir Vertrauen leisten, dass wir denken, es könnte wirklich neu anfangen, dass wir die Einladung aussprechen, ohne zu wissen, ob sie angenommen wird, ohne zu wissen, ob die ausgestreckte Hand einfach verachtet wird.

Jede Versöhnung fängt bedingungslos an. Da kann man keine Bedingungen stellen und sagen: Ich setze mich nur an einen Tisch, wenn ...! Sondern dann heißt es, eine Einladung anzunehmen und sich einmal auf das einzulassen, was daraus entsteht. Darum ist die Versöhnung schon am Anfang eine oft schwierige Sache. Wenn wir uns wirklich versöhnen lassen, dann müssen wir uns auch immer wieder selbst überwinden; dann dürfen wir nicht um jeden Preis an unseren eigenen Standpunkten festhalten, dann müssen wir auch einmal mit den Augen des anderen denken und mit den Ohren des anderen hören. Dann müssen wir uns auf seine Perspektiven einlassen, wie er etwas betrachtet. Dann müssen wir uns fragen, ob wir dies vielleicht gar nicht kennen, ob wir es vergessen haben. Wer Versöhnung will, der muss auch bereit sein zu lernen; der muss bereit sein, etwas anderes anzunehmen, was ihm bisher zu schaffen machte, was er vielleicht noch abgelehnt hat, was ihm abgrundtief fremd war.

Die Versöhnung ist nur dann möglich, wenn wir auch bereit sind, uns zu überwinden, ja, immer auch etwas vom eigenen Herd zu nehmen. Das geht nicht ohne Verzicht: Das bedeutet, dass man auch verzichtet auf liebgewordene Ideen, dass man hingeht mit dem Wissen, dass man sich eingeigelt hat, dass man heraus muss aus seiner festen Burg und dass es vielleicht weniger sicher ist im offenen Gelände als in der Festung der eigenen Meinungen. Und darum ist dieses Überwinden etwas, was uns wehtut, was Schmerz kostet. Erst hinterher, wenn es geschehen ist, wenn wir die Früchte ernten dürfen, dann spüren wir vielleicht: Es war gut so, dass ich auf den anderen zugegangen bin.

Wir müssen auch teilen, wir müssen auch bereit sein, Lebenschancen zu teilen. Die einen haben sie, die anderen haben sie nicht. Wir haben soviel Unversöhnlichkeit in unserer Welt bis in die Konflikte unserer Tage hinein, weil wir eben so große Unterschiede haben zwischen Arm und Reich,

zwischen denen, die Arbeit haben, und denen, die keine haben, zwischen denen, die im Osten und im Westen wohnen, zwischen Nord und Süd, zwischen Gewerkschaft und Arbeitgeberorganisationen, zwischen Parteien verschiedener Richtungen. Immer wieder sind es diese Unterschiede, von denen wir meinen, sie würden uns Individualität und Prestige und eigenes Ansehen verschaffen, die uns hindern, auf den anderen zuzugehen, und die immer wieder Vorwände bringen, immer wieder Mauern bauen lassen zwischen den Menschen.
Jesus kam in eine unversöhnte Welt, weil Gott wusste, wie hart die Unversöhnlichkeit ist, und dass wir wirklich einen Heiland brauchen, einen, der uns wieder zutiefst heil und gesund macht, der versucht, dass wir uns selber überwinden, dass wir uns selbst überschreiten, dass wir auch bereit sind, uns wirklich in vielem preiszugeben. Wir müssen bereit sein, diesen Schmerz auf uns zu nehmen, dann können wir auch wieder heilen. Dann werden wir erfahren, dass wir sehr viel reicher geworden sind, als wenn wir nur bei uns und bei dem unsrigen geblieben wären.

Ein Kind wird uns versöhnen

Das Kind kommt in diese unversöhnte Welt. Gerade darum bringt es uns das Heil, es befreit uns und versöhnt uns – zuerst mit Gott und auch untereinander. Diese Versöhnung steht bereits hinter all

dem, was in diesen Tagen in der Geschichte mit Jesus passiert. Hinter der Krippe steht unsichtbar, aber sozusagen schon bereit, sich abzeichnend, das Kreuz. Versöhnung ist nur möglich, wenn wir alles annehmen und austeilen, was uns umgibt und was wir sind. Sonst finden wir niemals jene Lebensqualität, die wirklich diesen Namen Versöhnung verdient. Und darum müssen wir aufpassen, dass es kein flottes Wort wird, das man schnell irgendwo hineinsagt, vielleicht mit großem Pathos. Vielmehr geht es darum, dass man nicht schnell viel zudeckt, sondern dass man wirklich bereit ist, diese Kleinarbeit der Versöhnung, die oft sehr wehtut, auf sich zu nehmen, dass man auch Rückschläge und Vergeblichkeit annimmt. Sonst kommt man nicht auf diesen Weg zu einer wirklichen Versöhnung.
Wir spüren das im Neuen Testament, welche große Anfechtung es für die ersten Christen war zu glauben: Jetzt ist Versöhnung geschehen, jetzt ist er da, jetzt ist alles vorbei, was von Gott trennt; es kann uns niemand im Grunde hindern vom Zugang zu Gott, wir sind bereits versöhnt; wir brauchen keine einschneidenden schmerzlichen Gebote, wir brauchen nicht mehr abzuwarten in Geduld, wir haben es bereits erreicht. Überall macht uns das Evangelium im Neuen Testament einen Strich durch solche Rechnungen, indem uns gesagt wird: Ja, der Erlöser ist da, er ist zu euch gekommen, freut euch. Aber Versöhnung könnt ihr nur erhalten, wenn ihr in seine Nachfolge eintretet, wenn ihr seinen Geist übernehmt, wenn ihr euch all das aneignet, was er euch in Wort und Sakrament schenkt.

Man kann nur dann von Versöhnung sprechen, wenn man wirklich den Weg Jesu geht. Da mag zwar noch viel humane und verborgen christliche Bereitschaft in unserer Gesellschaft leben, wenn wir so das Wort Versöhnung in den Mund nehmen, aber wenn es ernst wird, dann gelingt diese Versöhnung nur, wenn wir auch in die Tiefe des Geistes Jesu hinabsteigen, wenn wir uns von ihm wirklich an die Hand nehmen lassen, und wenn wir wissen: Wir können der Dumme, der Tor bleiben, wenn wir die Hand ausstrecken, aber der andere nimmt sie nicht an. Dennoch ist dies das einzig Richtige, so wie Jesus, der einzig Gerechte, als ein Ungerechter hingerichtet worden ist. Ein solches Ende ist Schande für die Welt und Versöhnung zugleich. Dies wiederholt sich immer dann, wenn wir versöhnungsbereit sind, aber nicht auf eine Empfangsbereitschaft stoßen.

Wir müssen uns auf Gott einlassen

Wir werden von der Krippe her, von Jesus her aufgerufen, dass wir dieses Wort von der Versöhnung ernst nehmen, dass wir wissen, was es uns abverlangt, und dass wir wissen: Wenn wir uns darauf einlassen, sind wir auf dem Weg, der uns wirklich Freude bringt; eine Freude, die man zunächst vielleicht gar nicht ohne weiteres wahrnimmt, die im kleinen Kreis lebt. Darum geht die Suche der Menschen immer wieder nach einer sol-

chen Freude, die bleibt, nach einer Versöhnung, die nicht täuscht, nach einem Frieden, der wirklich Streit beendet. Das Christentum macht uns nichts vor. Es gibt nicht das Paradies in dieser Zeit. Und alle, die bislang glaubten, sie könnten irgendeine säkulare Heilslehre aufstellen, täuschten sich erst recht, indem sie aus dieser Welt dann schließlich eine Hölle machten.
Aber uns ist ein Friede, uns ist eine Versöhnung geschenkt in Jesus, die uns wirklich gelingen lässt, zueinander zu kommen, wo wir uns selbst überwinden können, wo wir selbst wirklich eine neue Gemeinschaft finden, wohl wissend, dass es dann den Weg der Nachfolge braucht, jeden Tag, aber auch dies in Freude und in Geduld.
So müssen wir jedes Wort der Weihnachtsbotschaft, ob es Friede, ob es Freude ist, so wie Versöhnung durchbuchstabieren. Wir müssen schauen, dass wir auf den Grund kommen, von dem diese Worte eigentlich leben. Dies feiern wir immer wieder und besonders auch am Weihnachtstag in der Eucharistie. Da wird diese Versöhnung der Menschheit mit Gott und miteinander durch Jesus immer wieder neu wahr. Wir werden in diesen Strom der Versöhnung hineingenommen und zugleich aufgefordert: Lasst euch versöhnen mit Gott.

DAS FEST DER GEMEINSCHAFT

... aber die Welt hat ihn nicht erkannt

Wenn Gott kommt, dann stehen auch unsere Maßstäbe zur Debatte. Wenn Gott kommt, dann hält er immer auch Gericht. Das kann sich in verschiedenen Gestalten zeigen, aber er macht uns jedenfalls die Augen auf. Er zeigt uns, wie wir die Welt betrachten sollen, und dass in dem Lichte seiner Geburt, seines Kommens, manches anders werden kann, als wir es bisweilen tun. Wir hören dies im großen Eingangsprolog, im großen Vorwort zum Johannesevangelium. Da lesen wir immer wieder diese unheimliche Paradoxie, diesen fast tragischen Widerspruch mitten im Geheimnis. Er kam in seine Welt, aber diese Welt hat ihn nicht erkannt. Er war das Licht, aber die Finsternis hat es nicht begriffen. Er kam in sein Eigentum, aber die Seinen nahmen ihn nicht auf.

Wenn Gott kommt und uns die Augen öffnet, dann heißt es heute vor allem auch, dass er uns zeigt, wie sehr wir Menschen oft vereinsamt sind. Allerdings, wir müssen unterscheiden zwischen wahrer und notwendiger Einsamkeit des Menschen und der Vereinsamung, die es nicht geben soll. Der Mensch braucht, wenigstens von Zeit zu Zeit, Orte der Stille und des Sich-zurückziehen-Könnens, wo er etwas in sich geht, wo er sein Herz und sein Gewissen wiederfindet. Denn nur dann, wenn wir diese Einsamkeit in unserem Leben ein wenig pflegen, haben wir auch die Chance, dass wir so vielen Einflüssen von außen, so viel Druck, der immer wieder an uns herankommt, einigermaßen entsprechen. Und so gibt es keine wirkliche reife Menschlichkeit und keine Bildung und keine Persönlichkeit, ohne dass wir auch den Mut zur wahren Einsamkeit haben. Aber wahre Einsamkeit entlässt uns immer auch neu, für die Gemeinschaft, damit wir geistig und geistlich erneuert wieder in sie eintreten und sie bereichern.

Einsamkeit in unserer Zeit

Wir müssen diese wahre Einsamkeit, die wir zur Besinnung brauchen, unterscheiden von Vereinsamung. Wenn wir uns abschließen, kann das durch viele Weisen geschehen. Auch wenn wir unmittelbar nebeneinander wohnen, Tisch an Tisch und Bett an Bett, kann man sich grässlich vom anderen abkapseln, gefühllos werden, das Gespräch abbrechen lassen, nur noch nebeneinander leben. Wir können Menschen vereinsamen lassen, alte Menschen in unserer Nähe, auch die eigenen Verwandten, Familienangehörige oder sogenannte Fremde. Jedenfalls sind wir ganz besonders gefährdet überall da, wo Menschen aus dem alltäglichen Leben herausgetreten sind, wo sie nicht mehr unmittelbar in unserem Blickfeld sind und wir sie nur zu leicht vergessen. Es ist in unserer Gesellschaft Gott sei Dank so, dass wir viele pflegende Kräfte haben, für alte und besonders auch für kranke Menschen. Aber je mehr wir Spezialisten haben für all dies, um so eher ziehen wir anderen uns zurück und glauben, wir hätten nichts mehr damit zu tun, wir könnten sie ja nicht pflegen. Andere würden dafür bezahlt.

Es gibt Vereinsamungen da, wo sie besonders spürbar sind, wenn sich Eltern keine Zeit nehmen füreinander, zum Gespräch und vor allem auch keine Zeit finden für ihre Kinder. Es macht nachdenklich, wenn sich nach einer Umfrage vor Weihnachten jedes dritte Kind in der Bundesrepublik Deutschland am meisten wünscht, die Eltern möchten mehr Zeit für es haben. Zeit haben für jemanden ist ein besonderes Geschenk. Es ist der Anfang jeglicher Gemeinschaft. Vereinsamung beginnt damit, dass wir für jemanden keine Zeit haben, vielleicht nicht einmal Zeit für einen Gruß, nicht einmal Zeit für einen ganz kurzen Wink, keine Zeit für einen kleinen Brief, für ein Gespräch, für nichts.

Und es gibt Vereinsamung, die wir im größeren Stil schaffen, wenn wir Menschen gar nicht an uns herankommen lassen, Fremde, weil sie zu einer anderen Sprache, einer anderen Rasse, einer anderen Kultur gehören, einer anderen Religion zugeordnet sind.

Gerade deshalb besuche ich am Heiligen Abend jedes Jahr eine Gruppe in unserem gesellschaftlichen Leben, einen Brennpunkt sozialer und gesellschaftlicher Not, wo es besonders wichtig ist, ein Zeichen zu setzen. Was wären wir für ein Land, wie undankbar wären wir selbst für so vieles, was wir empfangen haben, wenn es uns nicht gelingen würde, unsere Bequemlichkeit zu sprengen und sie wirklich einzuladen. Statt Ablehnung zu zeigen, sie einzuladen. Das gilt für viele andere Gruppen auch.

Gott finden

Weihnachten kann zum Gericht werden. Darum, weil Gott die menschliche Natur angenommen hat. So hat Gott uns gezeigt, was im Menschen ist, in jedem Menschen. Weihnachten steigert ungeheuer die Würde des Menschen. Wer einmal Weihnachten gefeiert hat, kann nicht mehr sagen, er wisse nicht, was der Mensch ist. Das gilt für jeden, für jeden Einzelnen, und das gilt erst recht für uns alle zusammen. Weihnachten schafft in neuer Weise ein Bewusstsein von der Gemeinschaft der Menschen. Wir sind auf ganz neue Weise Schwestern und Brüder geworden in Jesus Christus. Und darum werden wir aufgeschreckt an Weihnachten durch die Geburt des Herrn, wenn wir unsere Vereinsamung sehen. Er ist gekommen, um uns zu zeigen, wie eng wir zueinander gehören. Wir müssen immer wieder aus uns herausgehen, über uns hinauswachsen, um ein neues Bewusstsein zu erreichen, von dem, was wir wirklich feiern.

Aber Weihnachten ist bei aller Freude und bei allem Glanz, die mit Recht auf ihm liegen, auch ein Fest, das ungeheuer nüchtern ist. Da wird uns nichts vorgelogen, da wird uns gezeigt, wie Gott in die Welt kommt, in welche Armut er hineinkommt, wie viele Widerstände sich ihm wieder entgegenstrecken. Und Johannes, der große Theologe, hat es auf den Punkt gebracht: die vielen Bilder und die vielen Ereignisse, den Kindermord in Betlehem, die Flucht nach Ägypten, die Geburt im Stall. Er kam in sein Eigentum, aber die Seinen nahmen ihn nicht auf. Aber es gab, Gott sei Dank, immer wieder Menschen, die ihn aufgenommen haben. Und sehr oft waren es diejenigen, von denen wir es nicht vermutet hätten. Die Hirten, die zufällig auf ihren Feldern waren des Nachts bei ihren Schafen. Die anderen haben geschlafen, sie haben es nicht bemerkt. Es waren die Weisen und die Heiden aus dem Morgenland, aus dem Osten, die Wahrheitssucher, die ihn schließlich aufstöberten. Das ist, denke ich, eine Mahnung an uns, dass wir sehen, dass wir zu denen gehören, die wachen und die ihn finden, die sich darüber freuen, und die ihn anbeten.

ERBARMEN UND SOLIDARITÄT

Jesu Barmherzigkeit

Gewisse Grundworte gehören selbstverständlich zur Botschaft von Weihnachten: Friede, Freude, Treue, Gerechtigkeit. Aber da gibt es noch ein Wort, über das wir sonst weniger sprechen, das ebenso zu diesen Grundworten gehört. Immer wieder kommt es in der ganzen Adventszeit in unseren Gebeten vor. Da heißt es etwa: „Wir bitten dich, Herr: Dein ewiges Wort komme und wohne in deinem Erbarmen bei uns." Ich meine das Wort vom Erbarmen.

Es ist ein in unserem Sprachgebrauch heute eher selten gewordenes Wort. Wir reden von „erbärmlich", „erbärmliches Benehmen", „erbärmlicher Schurke", und wenn jemand besonders leidet, dann sprechen wir vielleicht auch noch von „erbarmungswürdig". Aber von Erbarmen sprechen wir weniger. Wir haben es eher mit der Gleichheit, mit dem Recht, mit dem Anspruch auf Gleichheit, mit dem Anspruch auf das Einlösen gleicher Rechte. Auch im sozialen Bereich ist alles bei uns in hohem Maß geordnet. Beim Wort vom Erbarmen aber kommt es uns so vor, als sitze da einer immer „oben", der herablassend ein „Unten" gewähren ließe. Das scheint unserem Empfinden sehr oft genau entgegenzuge-

hen. Wir finden es demütigend, ja verletzend, wenn einer auf Erbarmen angewiesen ist.
Weihnachten sagt uns das Gegenteil: dass mit Jesus Christus ganz neu das Erbarmen in die Welt gekommen ist und dass wir ohne Erbarmen eigentlich nicht leben können. Dies hängt ganz eng damit zusammen, wie Jesus selbst Barmherzigkeit sieht. Alle haben gesündigt, stellt auch der heilige Paulus fest. Wir alle haben es nötig, dass sich Gott unser erbarmt. Keiner kann von sich aus, aus sich selbst heraus in Gerechtigkeit leben; auch wir alle gemeinsam können dies nicht. Wir sprechen viel über die Rechtfertigung, gerade auch im ökumenischen Kontext. Eine ganz fundamentale Wahrheit unseres Glaubens ist darin enthalten: Alle haben gesündigt, alle brauchen das Erbarmen Gottes. Wir können ohne dieses Erbarmen auch keine gerechte Gesellschaft miteinander aufbauen. Barmherzigkeit und Gerechtigkeit brauchen und bedingen sich auf eine ganz besondere Weise – sie sind wie geschwisterliche Nachbarn. Der heilige Thomas von Aquin sagt einmal: Gerechtigkeit ohne Barmherzigkeit ist Grausamkeit, und Barmherzigkeit ohne Gerechtigkeit heißt Auflösung.
Ja, es gibt eine kalte Gerechtigkeit. Und manche Ordnung unseres Lebens, die gerecht zu sein scheint, ist recht kaltschnäuzig für den, der wirklich Hilfe braucht. Wir wissen zwar, dass man die Welt nicht allein nur nach freigeberischer Barmherzigkeit regieren kann, dass wir sehr schnell ungerecht verteilen und damit auch die Spielregeln unseres Zusammenlebens auflösen würden. Aber

es braucht die Barmherzigkeit auch als einen Stachel, als einen Antrieb für alle Gerechtigkeit, damit wir überhaupt in unserem Herzen gerührt werden, damit wir wahrnehmen können, dass ein anderer leidet; damit wir in und durch Solidarität mit ihm sehen, was ist. Oder um es mit unserem Wort „Mitleiden“ zu sagen: damit wir Mitleid empfinden können. Wenn die Gerechtigkeit nicht immer wieder Antrieb bekommt, sich überwinden lässt, zu handeln von der Barmherzigkeit her, dann wird sie bald müde, dann wird sie auch selbst ungerecht.

Es gibt in diesem Sinn christlicher Barmherzigkeit eigentlich auch kein „Oben“ und kein „Unten“: Wir alle brauchen das Erbarmen Gottes und sind alle in dieser Hinsicht gleich. Er bringt Barmherzigkeit in diesem ganz neuen Sinn, nach dem nicht einer oben sitzt und der andere unten, sondern nach dem wir alle der Barmherzigkeit bedürfen, sie uns gegenseitig erweisen. Barmherzigkeit, das sehen wir besonders an Weihnachten, heißt auch: Gott kommt mit seinem ganzen Erbarmen. Gott ist es nicht gleichgültig, wie es uns geht. Er wendet sich uns zu, er spricht zu uns. Wir lesen es im Hebräer-Brief: „Viele Male und auf vielerlei Weise hat Gott einst zu den Vätern gesprochen durch die Propheten; in dieser Endzeit aber hat er zu uns gesprochen durch den Sohn.“ (Hebr 1,1)

Das ist die ganze Botschaft, deswegen kommt Jesus zu uns. Deswegen möchte er uns auch von innen her erwärmen. Er möchte nicht, dass wir bei allen Errungenschaften und Segnungen unserer Zivilisation forsch und rücksichtslos vorangehen, uns alleine alles zutrauen, glauben, dass wir alles schon recht machen, sondern er warnt uns gerade auch dadurch, dass er uns den Menschen in einem Kind schickt. Er schickt uns ein Kind, um uns zu sagen, dass dieses Menschsein sehr vielgestaltig ist, und dass wir darauf achten müssen, wie wir ein Kind, einen Kranken in seiner Hilflosigkeit oder auch das Elend alternder Menschen eigentlich anschauen. Ob es uns unangenehm ist, wenn jemand Hilfe braucht, wenn jemand angewiesen ist auf Erbarmen – oder ob wir es annehmen. Und ob wir wissen, dass wir selbst immer dieses Erbarmens bedürfen, und dass wir immer wieder zu Gott um dieses Erbarmen bitten können. Ja, ob uns bewusst ist, dass keiner einfach alleine bleibt, sondern dass uns immer eine ausgestreckte Hand entgegenkommt, oder, wie wir auch sagen: die zuvorkommende Gnade Gottes. Ein wunderbares Wort ist dies: zuvorkommend. Nicht warten, bis der andere kommt, nicht rechnen und nicht zögern, sondern es wagen, die Hand zu geben, auch wenn sie vielleicht zurückgewiesen wird.

Es ist eine ganz wichtige Geste, dieses entgegenkommende Erbarmen, die für alle gilt, die uns brauchen. Denn ob sie jung oder alt sind, im Krankenhaus, im Gefängnis, wo auch immer: Menschen brauchen uns dort. Es gibt dann oft nichts anderes als diese Geste des Erbarmens. Vielleicht sieht man es oft gar nicht, das Erbarmen ist ganz verborgen und unauffällig, aber es ist da. Wir brauchen dies immer wieder auch untereinander, in der Ehe, in der Familie, in unseren Freundeskreisen. Wir können unser Verhältnis, wir können

unsere Liebe nicht erneuern, wenn wir nicht miteinander Erbarmen haben, wenn wir nicht barmherzig sind.
Wie sollten wir sonst unsere Welt besser in Ordnung und Gerechtigkeit bringen, wenn wir uns nicht anstoßen ließen durch dieses Erbarmen? Nicht so, dass wir einfach nur das tun, was wir unbedingt müssen, sondern dass wir freien Herzens barmherzig handeln. So, wie Christen in unserem Land auch seit Jahrzehnten am Weihnachtsfest von ihrem Eigenen hergeben für die bedrängten Menschen in Lateinamerika. Auch dies ist ein Stück Barmherzigkeit: dass wir über den Schatten springen, dass wir zuerst freigebig aus uns heraustreten, den anderen stützen, dem anderen entgegenkommen.
Das Erbarmen ist etwas ganz Souveränes, das keiner fordern, das man nur freiwillig geben kann. Und wenn man es gibt, dann braucht man es auch gar nicht zu begründen. Es ist da, und es zeugt von sich selbst. Wir sind im Alltag unseres Lebens in vielen Strukuren weit weg von solchem Erbarmen. Oft stoßen wir das, was schwach ist und unsere Hilfe braucht, eher noch weg, geben ihm einen Tritt, erledigen den Konkurrenten gar. Wir brauchen ein Gegengewicht zu solch unbarmherzigem Tun, eine Mahnung, die uns zuteil wird; eben das Gegengewicht des Erbarmens und der Barmherzigkeit.
In diesem Sinne kann die Barmherzigkeit Gottes, das Erbarmen Gottes, Dinge verändern, die sonst niemand verändern kann. Es kann feste, unveränderliche Strukturen bewegen, kann kalte Herzen wieder erwärmen, kann im Menschen wieder Ge-

fühle hervorrufen, die tief verborgen sind, Gefühle der Solidarität, der Zuneigung, der Dankbarkeit und der Liebe. Und so ist das Erbarmen viel mehr, als wir denken, vielleicht die revolutionärste Kraft in der Welt, die es gibt. Denn wie soll sonst jemand da sein, der aus Hoffnungslosigkeit Hoffnung gibt, der aus Hass Liebe macht? Es gibt aber, wie wir es auch in der ganzen Tradition unseres Glaubens sehen, immer wieder Werke der leiblichen und der geistlichen Barmherzigkeit. Es sind vor allem die leiblichen Werke der Barmherzigkeit, die wir aus dem großen Gemälde bei Matthäus im 25. Kapitel, der großen Szene des Weltgerichts, kennen: Um die Hungernden, die Dürstenden und die Kranken geht es darin, die, die im Gefängnis sind, und alle, die Tränen vergießen und trauern. Aber auch die geistlichen Werke der Barmherzigkeit, die wir vielleicht etwas zu sehr in den Hintergrund gerückt haben, kommen in dieser Szene vor: Trauernde trösten, Unwissende belehren, Zweifelnden raten. Auch dies sind immer schon Werke der Barmherzigkeit. Auch unsere Beratungsdienste sind Werkzeuge der Barmherzigkeit. Und nicht zuletzt ist auch das Gebet für Tote und Lebende ein Werk der Barmherzigkeit. Wenn wir überlegen, wo wir – oft ganz still und unauffällig – barmherzig sein können, kommen wir an kein Ende.

Jesus kommt in diese erbärmliche Welt, auch er lernt kennen, wie unbarmherzig Menschen sein können. Wenn wir nun in schwierige Situationen kommen, sollten wir immer auf ihn schauen und das Kreuz. Dann wird es zwar nicht einfach besser, aber doch vielleicht erträglich. Mit ihm können wir dann gehen, auch auf seinem Kreuzweg. Wenn wir mit ihm diesen Weg beschreiten, dann werden wir spüren, dass er vieles, was in unseren Köpfen ist, vieles, was in unserer Welt gilt, regelrecht revolutioniert, auf den Kopf stellt. Er zeigt uns, wie wirklich gerichtet werden muss, was wirklich zuerst zählt: diese Barmherzigkeit nämlich, und nicht einfach nur der eigene Anspruch. Christen sind keine Utopisten. Wir wissen, dass wir die Gesetze dieser Welt nicht einfach völlig außer Kraft setzen können. Aber wir wissen auch, dass es Gegenkräfte braucht, dass wir uns immer wieder fragen müssen, wo etwas verändert, korrigiert werden muss. Deshalb darf diese Barmherzigkeit in unserem Gewissen nie fehlen; sie kann ein Gegengift sein gegen manches, was uns den Atem nimmt und was uns im Menschsein hindert.

Jesus Christus ist buchstäblich die fleischgewordene Barmherzigkeit Gottes. Er hat sie zu uns gebracht, er hat sich all derer erbarmt, die in seiner Umgebung, überall, wo er hinkam, gelitten haben. Er ist das Licht des Erbarmens Gottes für die Welt, und dies ist, denke ich, die stärkste Kraft, die es gibt, und die wir nötig haben.

Wie steht es um unsere Solidarität?

Weihnachten ist das Fest der Liebe. Sie scheint jedoch eher in den Binneraum diskreter mensch-

licher Beziehungen zu gehören. Die Nächstenliebe im Sinne der Bibel hat jedoch zweifellos eine soziale und öffentliche Dimension. Ist unsere Welt jedoch nicht anders geworden? Sind die Beziehungen nicht allgemeiner und weniger verbindlich geworden? Sollte man sich nicht mit der Forderung nach Solidarität begnügen?
Aber über diesen Begriff streitet man sich heute nicht zufällig. Die einen erklären, die Tendenz zur Individualisierung erzeuge aus den Menschen Egoisten. Dieser Prozess, besonders im wirtschaftlichen Bereich, mache die Menschen unfähig zur Solidarität. Nicht zuletzt darum verbreite sich soziale Kälte. Andere behaupten, dass dieser Prozess der Individualisierung überhaupt erst die Voraussetzungen schaffe für eine Solidarität, die wirklich eine echte Bindung ermögliche. Die Menschen hätten viel Nachholbedarf im Blick auf ihre individuelle Selbstverwirklichung. Sei diese einigermaßen gesättigt, so ergebe sich auch eine neue Qualität der Bindungskräfte in unserer Gesellschaft.
Gewiss steckt die Solidarität in einer Krise. In der Tat wird vielerorts Solidarität aufgekündigt: Der Stärkere setzt sich einfach durch, manche haben vor Schädigungen der Allgeheimheit keine Hemmung, Aggressivität und Gewaltbereitschaft nehmen vielerorts zu, Betrügereien und Korruption werden nicht gescheut, menschliche Bindungen zerbrechen rasch. Auch Geschäftsleute klagen zunehmend, wie ruppig die Kunden oft in ihren Forderungen und in ihrer Ungeduld mit den Mitarbeitern umgehen. Dabei ist Gewalt gegen Schwächere besonders auffällig und ärgerlich.

Früher gab es die berühmte „Arbeitersolidarität". Sie war stark, man konnte auf sie zählen. Auch dies hat sich geändert. Die Unterschiede liegen auf der Hand. Daran wird aber auch erkennbar, dass die klassische Solidarität sich vorwiegend an der Beziehung zwischen Gleichen orientierte. Gefordert ist heute ja ganz besonders die Solidarität mit denen, die nicht zur selben Gemeinschaft oder Gruppe gehören. Eben darum ist die Solidarität so schwach im Blick auf Junge und Alte, Kranke und Behinderte sowie auch Frauen. Ein Prüfstein aber für jede Solidarität ist das Verhältnis zu den Fremden. Sie brauchen am meisten unsere Solidarität. Hier können wir von Jesus und dem wahren Geist des Christentums lernen. Gott selbst verbindet sich in ihm mit ausnahmslos allen Menschen. Keiner ist grundsätzlich ausgeschlossen. Dies bezeugt er, indem er das Leben mit den Menschen teilt und sich besonders für die gesellschaftlich Ausgestoßenen einsetzt. Dies bewahrt er bis in den Tod. Auch hier nimmt er solidarisch noch die Ungerechtigkeit und Sünde der Welt an das Kreuz. Einer wird solidarisch mit allen und für alle. Die Weihnachtsgeschichte lehrt uns dies am Beispiel einfacher Menschen, z. B. der Hirten. Sie sind die ersten, die zu den Neugeborenen kommen, die ersten Zeugen der Menschwerdung Gottes. So könnte Weihnachten auch heute eine Quelle sein für mehr Rücksicht und Gerechtigkeit untereinander.

„SEHT, ICH MACHE ALLES NEU“
(Offb 21,5)

Die Zeichen der Zeit erkennen

Die bleibende Neuheit des christlichen Glaubens muss immer wieder gefunden werden. Dies ist nur möglich, wenn man sich den jeweiligen Herausforderungen stellt. Man möchte wissen, welche Stunde geschlagen hat. So kommt es darauf an, die Zeit anzusagen und darin die entscheidenden Herausforderungen zu entdecken und zu formulieren. Die Menschen haben immer nach Signalen und erkennbaren Merkmalen dafür gesucht. Sie haben Ausschau gehalten nach Anzeichen für die Nähe oder Ferne von Glück und Heil, Katastrophen und Unheil. Dabei war immer auch deutlich, dass es sich um Zeiten gewichtiger Entscheidungen handelt und dass man zum folgerichtigen Handeln kommen muss, solange noch Zeit ist. Die Dringlichkeit der Aufgaben hatte so immer auch Anteil an der eschatologischen Struktur der Geschichte: Was ist am meisten geboten in unserer Zeit? Und wieviel Zeit haben wir noch dazu?

Man hat sich dabei an verschiedenen „Zeichen“ orientiert. Es waren besonders schreckliche Ereignisse der Geschichte, große Krankheiten und Naturkatastrophen, Sonnenfinsternis und Meteoritenfall, die den Weg wiesen. Ihre Wiederkehr war ein weiteres wichtiges Zeichen. Aber auch die Natur

wurde von ihrem Schöpfer her durchsichtig auf das, was Gott in der konkreten Situation vom Menschen erwartete.
Darum haben wir schon im Neuen Testament Hinweise auf so etwas wie „Zeichen der Zeit". Jesus spricht zu einer großen Menschenmasse und möchte sie zu einer entschiedenen Umkehr aus dem Glauben führen: „Außerdem sagte Jesus zu den Leuten: Sobald ihr im Westen Wolken aufsteigen seht, sagt ihr: Es gibt Regen. Und es kommt so. Und wenn der Südwind weht, dann sagt ihr: Es wird heiß. Und es trifft ein. Ihr Heuchler! Das Aussehen der Erde und des Himmels könnt ihr deuten, warum könnt ihr dann die Zeichen dieser Zeit nicht deuten? Warum findet ihr nicht schon selbst das rechte Urteil?" (Lk 12,54ff)
Das II. Vatikanische Konzil hat im Rückgriff auf diese Aussagen und andere Anregungen gefragt, wie man diese „Zeichen der Zeit" erkennen und vor allem beurteilen könne. Es ist nicht zufällig, dass gerade die Einführung zur Pastoralkonstitution über die Kirche in der Welt von heute diese Frage stellt. Sie will ja betont der Freude und Hoffnung, Trauer und Angst der Menschen nachgehen. So heißt es: „Zur Erfüllung dieses ihres Auftrages obliegt der Kirche allzeit die Pflicht, nach den Zeichen der Zeit zu forschen und sie im Licht des Evangeliums zu deuten. So kann sie dann in einer jeweils einer Generation angemessenen Weise auf die bleibenden Fragen der Menschen nach dem Sinn des gegenwärtigen und des zukünftigen Lebens und nach dem Verhältnis beider zueinander Antwort geben." (Pastoralkonstitution „Gau-

dium et Spes“ (GS), Art. 4; vgl. auch Art. 11) „Laien und Priester sollen gemeinsam, wenn auch jeweils aufgrund ihrer Erfahrung und Kompetenz, diese Zeichen der Zeit verstehen.“ (vgl. Dekret „Presbyterorum Ordinis [PO], Art. 9 und Dekret „Apostolicam Actuositatem“ [AA], Art. 14)
Dies ist freilich leichter gesagt als getan, denn zwei Dinge stehen von Anfang an fest: Die „Zeichen der Zeit“ sind nicht eindeutig und bleiben damit in ihrer wirklichen Bedeutung schwer interpretierbar. Darum ist es auch konsequent, dass man die Antwort des Glaubens auf die „Zeichen der Zeit“ nicht als ohnmächtige Anpassung an das, was ist, verstehen darf, sondern es braucht eine „Unterscheidung der Geister“, um zu einigermaßen klaren Kriterien zu kommen. Es gibt viele Zeichen der Zeit. Der Streit darüber, was wichtig ist, ist unvermeidlich. Es war nicht zuletzt Papst Johannes XXIII. selbst, der den Mut hatte, drei wichtige solcher Zeichen exemplarisch aufzugreifen: die Armut vieler Völker und ihre Entwicklung, die gleiche Würde der Frau und die Verteidigung und Durchsetzung der Menschenrechte. Man kann dies anreichern und aktualisieren, aber sicher sind es auch heute noch elementare Herausforderungen.

Der flexibilisierte Mensch und die Personmitte

Der Mensch ist heute in viele Zwänge und Wandlungen hineingestellt. Ja, oft geht es nicht um ihn, wie meist vorgegeben wird, sondern er soll bestimmten Erwartungen und Bedürfnissen entsprechen. Man möchte den Menschen haben, wie man ihn braucht. Wir sprechen z. B. von flexiblen Arbeitszeiten und sollen ihnen möglichst entsprechen. Von vielen Menschen in der Arbeit wird verlangt, dass sie offen für kurzfristige Veränderungen sind und ständig Risiken eingehen. Man sieht weniger die bekannten geraden Linien einer beruflichen Laufbahn, wie in früheren Zeiten, sondern eher kurzfristige Arbeitsverhältnisse. Klassische Einstellungen und Tugenden treten eher zurück, wie z. B. Treue und gegenseitige Verpflichtung, Verfolgung langfristiger Ziele. Man spricht vom „flexiblen Menschen", der hier immer wieder nötig wird und stets wieder umgestaltet werden soll. Unsere Gesellschaft denkt im Rahmen ökonomischer Prioritäten in immer kürzeren Abständen. Wie können aber Institutionen, die selbst ständig zerbrechen, Loyalitäten über den Tag hinaus einfordern? Was ist von bleibendem Wert, wenn wir in einer so ungeduldigen Gesellschaft leben?
Vielleicht können wir wenigstens die Richtung einer Antwort suchen: Wir können nicht einfach die Rahmenbedingungen unseres Lebens allein ändern. Aber wir können ein Stück gegensteuern, wenn wir die Gefahren erkennen. Die Folgen eines

so auf Kurzfristigkeit und auf Elastizität hin angelegten Lebens gefährdet die Bindungen des Menschen. Wir sind auf Langfristigkeit, Verlässlichkeit und stetige Entwicklung angewiesen. Wenn wir diese Tugenden nicht verteidigen und retten, verlieren wir viele Orte, die uns Halt geben im ziellosen Dahintreiben des Lebens. Deshalb müssen wir diese Orte verteidigen, wie z. B. Ehe und Familie, langjährige Freundschaften, das Vertrautsein mit einer Heimat.
Dies bedeutet nicht Unbeweglichkeit und Fixiertsein auf herkömmliche Bindungen allein. Aber das Pflegen solcher von Verlässlichkeit geprägter Beziehungen kann uns im Widerstand gegen eine Welt, die alles – auch den Menschen – funktional betrachtet und auflöst, beständiger und widerstandsfähiger machen. Dies ist notwendig, um dem Menschen auf Dauer Freude am Leben und Erfüllung seines Daseins zu ermöglichen. Es bedeutet vor allem aber, dass die Personwürde die Mitte des menschlichen Lebens ist. Wo aber ist sie begründet? Ich habe die feste Überzeugung, dass die Menschenwürde auf Dauer und in jedem einzelnen Fall – gegen alle Versuche jedweder Manipulation – nur gerettet werden kann, wenn die Personmitte des Menschen nicht instrumentalisiert und funktionalisiert wird, sondern wenn man ihr eine unangreifbare Absolutheit zuerkennt, die in keinen irdischen Dienst gestellt werden kann. Der Mensch darf nicht Mittel zum Zweck werden. Dies ist am Ende nur gewährleistet, wenn wir den Menschen als Ebenbild Gottes anerkennen.

Anfang und Ende des menschlichen Lebens

Der Anfang und das Ende des Lebens werden immer mehr im Mittelpunkt menschlichen Denkens und Forschens, menschlicher Interessen und menschlicher Sorge stehen. Wir spüren große Chancen, wenn es darum gehen kann, Mängel des Menschen vor oder nach der Geburt zu mindern oder gar zu beseitigen. Wer wäre nicht dankbar, wenn wir den Menschen herabwürdigende, elende Alterskrankheiten in den Griff bekommen könnten? Es gibt so viele Lasten und Bürden, die man gerne den Menschen ersparen möchte. Man denke an die Möglichkeiten der pränatalen Diagnostik, die freilich auch in ihrer Zweideutigkeit nicht verkannt werden dürfen. Man glaubt dadurch, jeder Minderung unseres physischen Lebens und den Lebensmöglichkeiten überhaupt entrinnen zu können, denn im „Notfall" etwa kann man ja durch Abtreibung das Eintreten solcher „Lasten" verhindern. Hier bildet sich eine Mentalität heraus, die nur allzu gerne wiederum – wir müssten ja durch unsere eigene Geschichte gewarnt sein – Lebenswertes und Lebensunwertes voneinander unterscheidet und sich zum Richter über Tod und Leben aufspielt.

Vieles ist verführerisch. Hinzukommt, dass man offenbar den Forschertrieb, der etwas ausprobieren kann, nach aller Erfahrung wenig hindern kann, von solchen Manipulationen abzulassen. Wenn wir hier nicht schon am Anfang aller Versuche ra-

dikale Verbote setzen, etwa bei Eingriffen in der menschlichen Keimbahn, dann werden wir später bei den weiteren Folgen nicht mehr Herr. So darf man gewiss auch nicht über Hunderttausende getöteter Embryonen und Föten hinwegsteigen, um einen guten Zweck zu verfolgen.
Zum Respekt vor den Menschen gehört nicht nur die Wahrung einer abstrakten Menschenwürde, die es ja auch so nicht gibt. Wir fallen nicht auseinander in Geist und Materie, so dass der Geist zu achten ist, die Materie aber schrankenlos zu bearbeitender „Stoff“ wäre. Gerade beim Menschen darf dies nicht in einen Dualismus ausarten. Denn der Leib und alle leiblichen Dinge sind gewiss in abgestufter Form konkreter, oft auch symbolischer Ausdruck des Geistes. Wenn man beide Dimensionen bis zur Unkenntlichkeit auseinander trennt, wird man selbst schizophren und hat auch vielleicht weniger Hemmungen, über das „Materielle“ des Menschen zu verfügen, gleich ob es Experimente mit Behinderten oder auch Auswüchse einer an sich durchaus vertretbaren Transplantationsmedizin sind.
Man sieht an diesem Beispiel, dass man neu Abstufungen des Zulässigen erfinden muss. Eine Schwarz-Weiß-Malerei macht es sich zu leicht, weil sie hilfreiche Fortschritte verwirft oder aber einen Umgang mit Gottes Kreatur zulässt, der nicht zu rechtfertigen ist. Unsere Einstellungen betreffen Mensch und Tier mit den jeweiligen Auswirkungen, die man nur allzu leicht zum Beispiel an Tiertransporten unerträglicher Art und an unnötigen Tierexperimenten sieht. Diese lockern auch die Hemmungen im Verhältnis zum

Menschen, wie man an den Menschenzüchtungen und am industriellen Mord an Menschen in unserem Jahrhundert sehen kann. Jedenfalls ist hier immer wieder den Anfängen zu wehren, so dass man im Zweifelsfall einer grundsätzlichen Skepsis den Vorrang lassen darf.

Die Würde der Frau

Die Situation und die Würde der Frau sind und bleiben ein großes Thema. Es besteht kein Zweifel, dass sich die Gesellschaft und auch die Kirchen – niemand kann sich hier ausnehmen – in Geschichte und Gegenwart viel versündigt haben am weiblichen Geschlecht. Hier geht es nicht nur um falsche Bilder der Geschlechter, wenn man etwa jahrtausendelang von einer mehrfachen, biologischen, ethischen und menschlichen Unterordnung bzw. Inferiorität der Frau sprach. Dies ist im Übrigen nicht – wie man oft meint – ein Kirchenproblem. Das falsche Weltbild des Griechen Aristoteles hatte Auswirkungen bis in die Philosophie und Biologie des 19. Jahrhunderts. Aber auch in der Praxis gibt es von Hexenwahn bis zur Behandlung von Müttern unehelicher Kinder ein großes Maß Schuld. Niemand kann leugnen, wie viel Uneinsichtigkeit hier gesiegt hat, wo es doch gerade auch in der Bibel für den Christenmenschen nicht wenige Aufforderungen zur Höherschätzung der Frau gab und gibt.

Man darf jedoch nicht mit ähnlich unwirksamen Waffen von der anderen Seite her antworten. Es ist keine Hilfe, wenn die Frau einfach mit dem Mann verglichen und gleichgesetzt wird. Kein Zweifel: Beide haben dieselbe Würde, sind als Menschen ohne Abstriche ebenbürtig und bilden nur zusammen als Mann und Frau den einen und ganzen Menschen. Aber gleiche Würde muss nicht gleiche Ausprägung des Menschseins bedeuten. Man soll der Frau nichts vorenthalten, was ihr menschlich zusteht. Die Emanzipation der Frau gelingt nicht, wenn man sie zu einem Mann-Weib macht. Man kommt der Frau wahrscheinlich näher und wird ihr gerechter, wenn man alles als eine eigene und unverwechselbare Ausgabe des einen und ganzen Menschseins versteht.

Ich weiß wohl, dass diese Rede vielfach missbraucht worden ist und heute noch gefährlich sein kann. Jeder Unterschied ist oft benutzt worden, um die Andersheit unterzubewerten, anstatt darin eine gleichrangige Bereicherung zu sehen. Aber auf die Dauer ist die Zweiheit von Mann und Frau in der Einheit des Menschseins ein besserer Ausgangspunkt als eine abstrakte Gleichheit, die den Zauber des Andersseins ignoriert.

Dies ist noch ein weiter Weg. Aber es gibt heute auch in der Anthropologie der Geschlechter manche Wege in diese Richtung; jedenfalls mehr, als es vor zwanzig bis dreißig Jahren der Fall war. Beherzigt man dies, dann wird die Stellung der Frau besser. Sie erscheint in ihrer Eigenheit. Vielleicht kann man so langfristig auch manche Entscheidungen der Kirche wieder besser verstehen, aber es gibt in der Zwischenzeit noch übergenug zu tun, um der Frau die volle Ehre und Würde zurückzugeben, und dies nicht nur als Mutter und/oder Jungfrau. Wir müssen uns zum Beispiel viel mehr kümmern um das Ringen und um Hilfen für die Frauen, die täglich Familie und Beruf miteinander zusammenbringen müssen.

Das ambivalente Gesicht der Arbeit

Schon auf den ersten Seiten der Bibel hat die Arbeit ein zweischneidiges Gesicht. Sie adelt und krönt den Menschen, wenn er in der Arbeit seine Fähigkeiten und sein Können anerkennt. Wir spüren heute vielleicht sogar mehr, wie sehr zum Sinn des Lebens die Erfüllung des Menschseins auch in der Arbeit gehört. Erst der Mangel an Arbeitsplätzen und die Folgen für die Arbeitslosen offenbaren den menschlichen Rang der Arbeit. Zugleich zeigt das Gesicht und die menschliche Erscheinung aber auch, dass die Arbeit den Menschen auszehrt und ausmergelt. Die Arbeit ist immer auch ein Stück Fron, selbst wenn es nicht mehr die Knechtsherrschaft durch die Arbeit geben sollte. Diese Doppeldeutigkeit der Arbeit ist schon von Anfang an gegeben. Aber gerade wenn es so ist, dann können wir auch ein gelasseneres Verhältnis zu ihr gewinnen. Sie allein ist es nicht, die den Wert eines Menschen bestimmt. Vielmehr ist Arbeit unser gemeinsames Los, Möglichkeit zur Sinnerfüllung, aber auch Möglichkeit der Selbstzerstörung, und zwar im Übermaß und im

Untermaß. Darum müsste es leichter sein, die Arbeit auch zu teilen. Wir könnten so auch besser den Blick dafür bekommen, dass Arbeit nicht nur Erwerbsarbeit ist, sondern dass in unserer Gesellschaft eine neue Verantwortung entsteht für eine Form von Arbeit, die nicht dem Erwerb dient, von der wir aber alle auch leben: die Arbeit der Mütter in den Familien nicht weniger als viele Ehrenämter.
Hier können wir konkrete Solidarität einüben. Hier können wir manchen falschen Rangordnungen zum Ausgleich verhelfen, denn weder Arbeitslosigkeit noch volle Beschäftigung sagen alles aus über den Menschen.
Besonders die westliche Tradition des Christentums hat viel dazu beigetragen, der Arbeit den rechten Platz und genügend Anerkennung zu verschaffen. Das „Ora et labora“ (bete und arbeite) der Benediktiner erinnert uns daran. Erst wenn wir die Arbeit nicht verkürzen, und wenn wir sie nicht verachten, kommen wir zu dem Gleichmaß und dem Gleichmut, mit dem man sie betrachten muss: etwas Mittleres im Menschen, das uns gerade deshalb befähigen sollte, ihre Wandlungen zu bewältigen und sie in aller Nüchternheit zu betrachten.

Unterscheidung als beständige Aufgabe

Hat man sich früher eher begeistert an der Suche nach „Zeichen der Zeit“ beteiligt, so wollen heute viele die tatsächlich nicht selten inflationär ver-

brauchte und missbrauchte Rede von den „Zeichen der Zeit“ kaum mehr hören. Dennoch ist die damit verbundene Aufgabe unverzichtbar. Sie gehört zum zentralen Vermächtnis des II. Vatikanischen Konzils. Wir müssen nochmals neu damit beginnen.
Die Vermittlung zwischen den herausfordernden Zeichen und der Antwort des Glaubens bleibt schwierig. Die Signale der Zeit sind oft aufdringlich und laut. Sie drohen mit ihren schrillen Tönen alles andere niederzuschreien. Hinweise auf Gott und sein Wort sind jedoch leicht zu übersehen. Meist sind es unauffällige, mühsam zu entdeckende Spuren. Das Spurenlesen im Acker der Zeit will also gelernt und immer wieder neu eingeübt sein. Der diagnostische Blick und die Gabe der Unterscheidung müssen sich auf neue Weise ergänzen, ohne dass es zu einer Identität kommen kann. Es bleibt die vielschichtige und nie ganz auflösbare Spannung: Die Zeichen der Zeit können auch manchmal neue Spuren des Heils enthalten. Aber es ist nicht zwangsläufig so. Deshalb ist dieses Spurenlesen eine zwar undankbare, aber lebenswichtige Aufgabe der Kirche. Man muss sich tief hineinbeugen in den Staub einer Zeit, aber in dieser spannenden Gegenwart gibt es auch rasch Pfade, die sich freilich bisweilen auch als Holz-, Ab- und Irrwege erweisen. Später sieht man dies nur allzu leicht. Jetzt aber kann man die Karte unserer Zeit nur auf diese Weise vermessen. Die Kirche muss dazu im Stande sein, diese Spuren lesen, wahrnehmen und aufnehmen zu können. Sonst ist sie der damit verbundenen Aufgabe und auch den damit gegebenen Risiken nicht gewachsen.

„NEUEN WEIN FÜLLT MAN IN NEUE SCHLÄUCHE“ (Mt 9,17)

Die notwendige Erneuerung der Kirche

Bei der Unterscheidung der Geister kommt es darauf an, dass die Sichtweisen und die Instrumente zur Unterscheidung der Zeichen der Zeit tauglich und scharf bleiben. Wenn vor allem der Kirche die Auslegung der Botschaft Jesu hinsichtlich der jeweiligen „Zeichen der Zeit“ aufgetragen ist, dann muss sie selbst als Gemeinschaft und als Institution genügend in der Lage sein, diese Herausforderung der Unterscheidung mit vollen Kräften auf sich nehmen zu können. Die Kirche muss der explosiven Kraft des Evangeliums Jesu entsprechen, um sie in eine jeweils neue Zukunft vermitteln zu können. Ob die Kirche diese Fähigkeit hat, und unter welchen Bedingungen sie diese entfalten kann, steht nun als weitere Frage zur Erörterung an.

Viele Zeitgenossen haben die Antwort für sich bereits gegeben. Sie sehen vor allem in der Institution Kirche geradezu die Verhinderung, dass Jesu Botschaft in dieser Zeit Herz und Sinn der Menschen gewinnen kann. Dieses Urteil, das mitunter sehr hart sein kann, hat nicht wenige bis zum Austritt aus der Kirche gereizt. Es verbindet sich

freilich nicht selten auch mit allgemein gesellschaftlichen Trends, so etwa mit einer skeptischen Einstellung zu fast allen Großinstitutionen unserer Gesellschaft. Man meint, diese wären von Hause aus lahme Tanker, die nicht mehr auf die Zeichen der Zeit reagieren könnten, weil sie sich viel zu sehr mit sich selbst beschäftigen und immer zu spät kommen.
Lassen wir einmal diese Einstellung vorläufig stehen. Vielleicht kann man von einer grundlegenden Sicht her diese Situation etwas entspannen. Jedenfalls fordert das Evangelium eine hohe Bereitschaft des Christen, die Neuheit des christlichen Glaubens nicht aufs Spiel zu setzen und sie in ihrer einmaligen und unvergleichlichen Explosivität zu bewahren. Aussagen dieser Art scheinen auch zu den zweifellos authentischen Worten Jesu zu gehören. So sind uns bei allen Synoptikern die Bildworte vom neuen Flicken und vom jungen Wein überliefert. Auch wenn sie in der exegetischen Diskussion und auch in den jüngeren Kommentaren eine merkwürdig geringe Rolle spielen, sind sie höchst aufschlussreich, gerade auch in ihren verschiedenen Gestalten bei Markus, Matthäus und Lukas. Wir werden davor gewarnt, das spannungsvolle Verhältnis nicht zu beachten. Das Alte gehört zum Alten, das Neue zum Neuen. Wie immer die Bildworte orientiert sind, so geht es um eine Stoßrichtung vom Neuen gegen das Alte. Jesus greift ein bestimmtes Geschehen aus dem Alltagsleben auf – hier sind es Klugheitsregeln – und gibt es mit äußerster Prägnanz wieder, um auf diese Weise die Hörer zu einer unverkürzten, vollen

Konfrontation mit der Botschaft der anbrechenden Gottesherrschaft zu bewegen. Darum sagt er in einem entfernten Zusammenhang mit der Frage, ob auch die Jünger Jesu fasten sollten: „Niemand setzt ein Stück neuen Stoff auf ein altes Kleid; denn der neue Stoff reißt doch wieder ab, und es entsteht ein noch größerer Riss. Auch füllt man nicht neuen Wein in alte Schläuche. Sonst reißen die Schläuche, der Wein läuft aus und die Schläuche sind unbrauchbar. Neuen Wein füllt man in neue Schläuche, dann bleibt beides erhalten.“ (Mt 9, 16f.; Mk 2, 21f.; Lk 5, 36ff.)
Vor diesem Hintergrund, dem Jesuwort selbst, fragen wir, wie die Kirche sich heute erneuern muss, damit sie diese unverbrauchbare Ursprünglichkeit und Frische des Evangeliums der Welt wirksam und glaubwürdig vermitteln kann.

Ein neues Reformprogramm

Wir fangen nicht unmittelbar bei der Kirche an, obwohl sie zuerst und zunächst gemeint ist. Sie steht nicht in sich und für sich allein, sondern ist stets über sich hinaus verwiesen, auf den dreifaltigen Gott und die Nöte des Menschen in aller Welt. Also geht es zuerst um den beständigen Aufbruch der Kirche auf Gott hin.
Unsere heutige Lebenswelt ist durch eine hohe Spezialisierung und Arbeitsteilung gekennzeichnet. Die einzelnen Bereiche haben eine sehr hohe

Selbstständigkeit erreicht und brauchen so etwas wie „relative Autonomie“ in einem hohen Maß. Kein Sachbereich nimmt hin, dass der andere ihm hineinredet. So sind Wirtschaft, Sport, Kultur und Politik eifersüchtig selbstständige Bereiche, obwohl es dazwischen allerhand ungereimten Filz gibt. Die Kirche hat in diesem System zunächst höchstens den Platz, für „die letzten Fragen“ eine Art von Dienstleistung anzubieten, wenn es einer in unserer Warenwelt verlangt. Aber so ist sie ein Angebot neben anderen.

Dies ist für die Kirche lebensgefährlich. Man kann sie nicht zu irgendeiner Spezialität im modernen Leben domestizieren. Im Gegenteil, sie muss die ständige Einkapselung der einzelnen Lebensbereiche stören und muss die Spur offenhalten zu mehr als nur diesem und jenem, nämlich zum Ganzen der Welt, ja zum ganz Anderen. Sie muss beunruhigen und manchmal auch ärgern, sie gibt sich nicht damit zufrieden, dass wir die Welt über unseren Köpfen schnell abschließen und uns damit zufrieden geben.

Die Kirche darf sich darum bei aller Gleichzeitigkeit mit unserer Gegenwart und in aller Offenheit zu den Möglichkeiten dieser Welt, z. B. den modernen Kommunikationsmitteln, nicht breitbeinig und nur auf die eigenen Interessen gerichtet in unseren Gesellschaften niederlassen und einnisten. Sonst gerät sie in Gefahr, sich nach den Gesetzen der Organisationsbildung ähnlich zu verschließen wie andere Institutionen. Die Kirche ist etwas ganz Anderes. Sie ist nicht aus sich selbst erklärbar. Dies zeigen schon viele Bildworte für sie: Sie ist

Aufgebot Gottes, Volk Gottes, Haus Gottes, Leib Christi, Tempel des Heiligen Geistes. Darum ist sie trotz ihres hohen Alters und auch ihrer Gegenwart in der Geschichte leicht gebaut, „Zelt Gottes unter den Menschen“, sie labt sich nicht an den Fleischtöpfen Ägyptens und darf sich nicht willfährig vielen zivilisatorischen Segnungen ergeben.
Freilich ist damit nicht gemeint, dass die Kirche keinen eigenen Ort und keine Selbstständigkeit im Unterschied zu anderen Organisationen hat. Sie darf nicht leichtfüßig überall hin und hertänzeln, überall sein und nirgends, weil sie überall nippt, aber nirgends wirklich einen ureigenen Auftrag bezeugt und ihm treu ist. Sie muss stets in sich selbst, also in dem doppelten Überschwang gründen, von dem die Rede war: Hingabe an Gott und von ihm her Einsatz für die Menschen.
Dies ist nicht leicht. Denn die Rahmenbedingungen des heutigen Lebens, in denen auch die sichtbare Kirche ihren Platz hat, verleitet und verführt zu einer solchen schwebenden Lebensweise, die sich sehr rasch an wandelbaren Bedürfnissen und Interessen orientiert. So ist es auch folgerichtig, dass die Kirche in ihrer gesellschaftlichen Erscheinung, wo sie mit Bekanntem vergleichbar ist, gleichsam nur an ihrer Außenhaut wahrgenommen und gemessen wird. Dies kommt daher, dass sie immer wieder in allgemein-gesellschaftliche, soziale und politische Zusammenhänge gerückt wird. Sie selbst, in ihrem eigenen Auftrag, interessiert viel weniger und erscheint auch seltener. Das Politische ist mehr und mehr die Klammer, unter die alles versammelt wird. Je weniger man das Leben der Kirche in ihrem

Bereich, ja in ihrer Mitte und in ihrem Kern kennt, um so plausibler sind diese Perspektiven.
Ich bin fest überzeugt, dass dies eine ganz ungenügende Sicht von Kirche ist, die auch deswegen so schädlich ist, weil sie die Tiefendimension des Lebens der Kirche ziemlich ausblendet. Als Bischof habe ich die große und seltene Chance, das vielfältige Leben der Kirche in allen Dimensionen von innen her kennen zu lernen: die Sorge um schwerstbehinderte Kinder, die vielen verschwiegenen Gespräche in der Beratung und in der Seelsorge, der Einsatz zahlloser Menschen für das Wohl und das Heil bedrängter Menschen in Nah und Fern, der Dienst für Gott und stellvertretend vor ihm für die Welt in Lobpreis und Anbetung. Wir müssen vielmehr darum kämpfen, auch wenn es oft vergeblich scheint, die Wahrnehmung des Menschen, vor allem der Medien gegen den Strich zu bürsten und unermüdlich Spuren aufzudecken, die das vielschichtige Leben der Kirche wenigstens anzeigen. In einer Zeit, in der viele Christen keinen lebendigen Kontakt zur Kirche haben, ist dies eine Überlebensfrage.
Entsprechend muss die Kirche hellhörig, wachsam und selbstkritisch bleiben. Sie muss sich immer wieder fragen, wo ihre Aktivitäten und Sorgen so selbstbezogen werden, dass Vorurteile dieser Art, sie drehe sich nur um die eigene Achse, auf der Hand liegen. Sie muss also immer wieder gegen die eigene Nabelschau ankämpfen. Dies ist nicht leicht. Nicht selten wird einem der Stempel von außen aufgedrückt. Aber auch notwendige Auseinandersetzungen, wie die Diskussion um die

Schwangerschaftsberatungsstellen, haben uns hier trotz des hohen Rangs dieses Einsatzes auch in dem erwähnten Sinne geschadet. Dies hat Konsequenzen für die Art und Weise, wie die Kirche heute solche unvermeidlichen Auseinandersetzungen führen und entscheiden muss.
Ich bin fest überzeugt, dass die Kirche ein tiefes, geistliches Schwergewicht hat und letztlich aus diesen vielen Kräften lebt. Aber dies wird eben nicht selten bis zur Unkenntlichkeit verstellt – oft genug durch uns selbst. Gerade darum stelle ich immer wieder die absolute Priorität der Gottesfrage in den Vordergrund. Wir können nur gesunden, wenn wir alles in diese letzte Tiefe zurück verfolgen. Dies ist das Einzige, was die Kirche selbst und keine Macht in der Welt sonst unersetzlich bezeugen kann. Deshalb darf sie nicht vor dieser Aufgabe flüchten und sich in tausenderlei Dinge hineinziehen lassen.

Der ferne Gott und die Kirche

Gerade heute ist der Glaube an Gott keine Selbstverständlichkeit. Dies beinhaltet aber auch die Chance eines Neuanfangs. Gott kann nie selbstverständlich werden. Es ist jedoch ungemein schwer, in diese Zone vorzustoßen. „Über beinahe alles ist mit dem intelligenten Zeitgenossen zu reden, nur nicht über ein metaphysisches Problem. Man spürt allgemein eine Scheu, über derlei zu sprechen (...)

Fluchend, blasphemisch, tabuverletzend darf man sich jederzeit auslassen. Aber die ernste Überzeugung stößt ab und macht verlegen wie eine üble Zote. Die satirische Intelligenz hat hier ihre Schamgrenze.“ (B. Strauß, Gedankenfluchten, Frankfurt 1999, S. 21)
Wer tief in sich selbst, d. h. in Gott, wurzelt, ohne es immer hinauszuposaunen, der hat auch eine Chance, weit über sich hinauszugehen. Bäume, die tief gründen, werden weniger entwurzelt, auch wenn sie weit ausgebreitete Zweige haben. Der Christ muss daher heute den Mut haben, mit dem scheuen und unsicheren, ja skeptischen und fast unansprechbar erscheinenden Zeitgenossen über den fernen Gott in das Gespräch zu kommen. Es gibt ihn ja. Wir haben beste Traditionen der Bibel verleugnet, wenn wir immer nur vom offenbaren, vom sonnenklaren Gott reden. Von Anfang bis Ende ist er – sonst wäre er nicht Gott – geheimnisvoll, rätselhaft und verborgen, angefangen von dem Wort des Exodus bis zum Schandmal des Kreuzes. Wenn wir nicht immer wieder selbst die Erfahrung des unnahbaren und des fremden Gottes machen, können wir nicht glaubwürdig von Gott reden. Gottesschwund und Gottesfinsternis, Gottesentzug und Gotteskrise bestimmen gewiss tiefer das Klima unserer Zeit, aber sie offenbaren eine unausgelotete Tiefe und eine nicht beantwortete Frage. Dies ist dem Glaubenden nicht fremd, der gerade bei der Erfahrung des unsagbar nahen und seligen Gottes um die Verborgenheit, das Sichentziehen, das Tasten nach ihm und die endlose Klage weiß. Gerade die Großen des Geistes wissen sehr gut um den

schweigenden und prüfenden Gott, den wir in der dunklen Nacht des Glaubens, in der Trockenheit der Wüste und in der Wortlosigkeit des Schweigens suchen. Johannes vom Kreuz und Teresa von Ávila, Edith Stein und Simone Weil sind unersetzliche Begleiter aller Gottsucher.
Es ist wie bei Freunden, die man lange nicht gesehen hat. Wenn sie nach langer Zeit wieder aus der Fremde auf uns zukommen, ist das Glück der Begegnung umso größer. Wahrscheinlich haben wir auch eine so geringe Erfahrung mit dem nahen und dem fernen Gott, weil wir uns auch den eigenen Abgründen und den Verlorenheiten unseres Lebens, aus denen wir uns nicht selbst befreien und retten können, so wenig stellen: Schuld und Leid, Krankheit und Tod. Und gerade in solchen Situationen darf unser Glaube auch Leib und Seele, ein ganzheitliches Ringen, nicht verschmähen, wenn man in der Klage bis in das Mark erschüttert wird. Wie dünn und brüchig, pseudointellektuell und herzlos ist unser Glaube oft geworden! Nie sollten wir den Kampf Jakobs mit Gott vergessen. Erst im Morgengrauen lassen die beiden voneinander, und Jakob erhält auch nur den göttlichen Segen, wenn er ein Mahnmal für immer aus diesem Kampf mitnimmt. Ohne Kampf kein Preis. Warum soll das gerade bei Gott nicht gelten? „Nun fragte Jakob: Nenne mir doch deinen Namen! Jener entgegnete: Was fragst du mich nach meinem Namen? Dann segnete er ihn dort.“ (Gen 32,30)
Gott kommt uns nur ganz und neu entgegen, wenn wir alles, was uns auf dem Herzen liegt, in

unseren Streit mit ihm hineinnehmen. Er ist nicht Gott und kann es für uns auch nicht bleiben, wenn wir ihm nicht alle Fragen stellen, die uns bedrängen, und die nur er beantworten kann. Dann kann sogar Vertrauen wachsen mitten in der Angst. „Voll Vertrauen war ich, auch wenn ich sagte: Ich bin so tief gebeugt." (Ps 116, 10) Ein solches Ringen lebt in jedem Menschen, auch wenn es sich nicht so leicht enthüllt. Wir müssen alles tun, damit die Menschen auf vielen Weisen merken: „Es ist lachhaft, ohne Glauben zu leben." (B. Strauß, Gedankenfluchten, Frankfurt 1999, S. 22)

Mut zum lebendigen Glaubenszeugnis

Es kommt im Glauben immer wieder auf den Einzelnen an. Dies ist kein später Nachklang der heutigen gesellschaftlichen Individualisierung. Der Glaube hat immer schon den Menschen aus der anonymen Gesellschaft oder gar Masse herausgerufen und ihn durch die Glaubensentscheidung zu einer persönlichen Stellungnahme aufgefordert. Wenn wir heute davon ausgehen, dass sich das, was man manchmal etwas oberflächlich „Volkskirche" nennt, radikal wandelt, so beruht dies auf der Erfahrung, dass man heute und in Zukunft viel mehr ein persönlich überzeugter und entschiedener Christ sein muss, um eine aktive Mitgliedschaft auf Dauer überhaupt durchhalten zu können. Dabei will ich keinen Zweifel lassen: Auch früher

musste sich der einzelne Christ in vielen Situationen zum persönlichen Zeugnis durchringen. Selbst wenn die Rahmenbedingungen für ein ziemlich homogenes Glaubensbekenntnis günstig waren, war der Einzelne doch immer wieder zum persönlichen Bekenntnis herausgefordert. Heute ist dies noch viel wichtiger, da der Einzelne durch manche Widerstände und Anfechtungen hindurch seinem Glauben treu bleiben muss. Er muss selbst immer wieder Mittel und Wege finden, um – gegen den Strom schwimmend – an seinen Grundüberzeugungen festzuhalten.
Natürlich hat die Kirche immer wieder von der Geburt bis in den Tod dem Einzelnen beigestanden und ihn im Glauben ermutigt. So habe ich selbst auch immer wieder das Leitwort verstanden, das ich über meinen bischöflichen Dienst der Heiligen Schrift entnommen habe: „Steht fest im Glauben.“ Dabei geht es nicht nur um ein treues Beharren, sondern um ein aktives Treubleiben, das nur durch Vorwärtsverteidigung, also offensives Zeugnis, und Vertiefung des eigenen Glaubens möglich ist. Diese Befähigung ist in besonderer Weise die erste Aufgabe der Kirche für die Zukunft. Wir haben heute vielleicht doch demgegenüber zu sehr die Pflege der Organisation, das Funktionieren aller Räte und Gremien und die Verteidigung der institutionellen Positionen im Auge. Es wird darauf ankommen, dass wir viel mehr die Glaubensbereitschaft des Einzelnen stärken, damit er in der Situation, in der er lebt und arbeitet, ein aufrechter Zeuge bleiben kann, der seinen Glauben kennt und ihn aufrichtig auch gegen Einwände verteidigen und mitteilen kann.

Dies ist auch darum wichtig, weil das Amt mit allen Einrichtungen und Organisationen der verfassten Kirche längst nicht alle Orte einer Weitergabe des Glaubens erreichen kann. Dies ist kein Mangel, sondern es ist vielmehr die angemessene Struktur. Das Christsein des Einzelnen hat eine höchste Würde und ist schlechterdings unersetzlich. Diese stärkere Betonung des gemeinsamen Priestertums bedeutet dabei keine Schwächung des Amtes, sondern das Amt ist ja ohnehin nur dazu da, um die Schwestern und Brüder zu stärken. Man muss sich auch fragen, ob manche Initiativen vor allem der Laien im 19. und 20. Jahrhundert, besonders im Zeugnis und im Apostolat, in der Welt relativ selbstständig tätig zu sein, wieder an Ansehen gewinnen muss. Historiker und Sozialwissenschaftler haben immer wieder auf eine mächtige Verkirchlichung und Veramtlichung von Verbänden und Vereinen hingewiesen, die die notwendige Flexibilität manchmal auch behinderten. Selbstverständlich ist diese größere Unabhängigkeit und Beweglichkeit nicht dazu da, um zur verfassten Kirche in Gegensatz oder Spannung zu treten.

Wenn hier vom Einzelnen und damit auch von einer Intensivierung der Individualseelsorge und, wie man heute gerne sagt, der Wegbegleitung die Rede ist, so ist damit die Bildung überzeugter Kleingruppen und Glaubensgemeinschaften nicht ausgeschlossen, sondern gemeint. Sie dienen demselben Ziel, nämlich einer lebendigen Regenerierung der Gemeinden und anderer Gemeinschaftsformen des Glaubens.

Bereicherung der Gemeinschaft durch die Originalität

Wenn diese Betonung des Einzelnen am Ende nicht doch in eine sich verschließende Abkapselung münden soll, dann bedarf es noch eines weiteren Schrittes. Man darf die Gefahr eines solchen Rückzugs in eine Individualität, die sich selbst genießt, und in die wohlige Nestwärme kleiner Gemeinschaften nicht übersehen. Sosehr ich die Funktion wahrer Vereinzelung unterstreichen möchte, so sehr muss auch die Gefahr eines Absturzes in falsche Verhaltensformen vor Augen stehen.
Individualität im christlichen Sinne zielt nicht auf das runde Ich allein. Wenn dem Einzelnen eine besondere originelle Fruchtbarkeit und Besonderheit zukommt, so muss er bereit sein, dies immer wieder dem Ganzen zur Verfügung zu stellen. Das Charisma ist zunächst immer gefährdet, dass es seine Besonderheit auf die Spitze treibt. Es muss ja auch seiner unableitbaren Sendung treu bleiben. Dies kann manchmal für Außenstehende den Anschein des Bornierten und Extravaganten annehmen. In Wirklichkeit muss sich jedoch auch jedes Charisma der Kreuzesnachfolge bewusst bleiben. Es ist das Geheimnis des Weizenkorns, das nur fruchtbar wird, wenn es stirbt. Das Charisma muss bereit sein, seine Tendenz zur Hofierung seiner selbst immer wieder zu durchkreuzen, und sich vorbehaltlos und selbstlos dem Dienst am Ganzen zur Verfügung stellen. Die christliche Sicht der Person ist nämlich nicht die Absolutsetzung der Individua-

lität, sondern die Einmaligkeit des Einzelnen ist bereit, durch den Verzicht auf eigene Selbstdarstellung sich in ein Ganzes hingebend einfügen zu lassen. Nur so bleibt das Ganze lebendig. Nur so bleibt es reich. Aber auch nur so erschöpft sich der Einzelne nicht in einer eitlen Selbstgefälligkeit, sondern wird im Durchgang durch Verzicht und Hingabe fruchtbar für andere.

Wir brauchen dieses Wechselspiel einer erhöhten und vertieften Individualität im Glauben und zugleich einer noch größeren Bereitschaft des Sich-Einfügens in eine umfassendere Gemeinschaft. Es darf auch nicht verschwiegen werden, dass dies nicht selten einen strengen Gehorsam verlangt und auch immer wieder in die Kreuzesnachfolge ruft. Denn die großen Heiligen belegen uns in Vergangenheit und Gegenwart, dass man sein Ur-Eigenes, wenn es ein solches gibt, nicht ohne Verzicht und Passion in die Gemeinschaft des Glaubens einbringen kann.

Dieses Lebensgesetz bestimmt alle Gemeinschaftsformen von der Ehe bis in den internationalen Austausch im Raum der Kirche. Es gilt aber vor allem für das Leben der Familie. Gerade in diesem Kontext dürfte die Erneuerung der Familie zu den ersten Prioritäten der Kirche nach der Jahrtausendwende gehören. Dabei darf man nicht romantisch und nostalgisch früheren Formen nachlaufen. Jede Generation muss auf ihre Weise die Lebensform „Ehe und Familie" als ihr Glück wiederentdecken, bestätigen und nach vorne hin ausfüllen. Dazu sind gerade junge Menschen aufgerufen. Hier muss die Kirche in weit höherem Maße jene Wegbegleitung leisten, von der die Rede war. Unsere Ehevorbereitung ist im allgemeinen zu spät, zu schmal und erfasst nur wenige. Wir kommen ohnehin meist auch zu spät, wenn wir die Begleitung auf Situationen der Krise oder gar des Scheiterns beschränken. Auch hier haben Familiengruppen und wechselseitige Begleitung ihren guten Sinn.

Dies scheinen mir einige wichtige Akzente beim künftigen Weg der Kirche in das nächste Jahrtausend zu sein. Es gibt viele Themen, die zu diesem Programm einer Erneuerung der Kirche gehören. Sicher werden viele ein Wort vermissen zu den viel besprochenen „heißen Eisen“: angefangen von der Gestaltung der menschlichen Sexualität (einschließlich der Homosexualität und neuer Lebensformen) über die Wege zum geistlichen Amt bis zum Verhältnis der Ortskirchen zur Weltkirche. Aber wir kommen nicht zu einer angemessenen Lösung dieser Aufgaben, wenn wir nicht die fundamentale Erneuerung wagen, von der die Rede war. Denn sie ist die Voraussetzung und das Fundament vieler einzelner Reformversuche.

Wahre Reform beginnt im Übrigen nie beim anderen oder gar bei Strukturen und Organisationen. Man kann sie zwar von außen ändern, aber wahre Reform braucht zuerst Bekehrung. Christliche Erneuerung gibt es nur, wenn wir uns nicht selbst schonen und von der Umkehr ausnehmen, sondern wenn wir uns selbst drangeben und verändern lassen. Ohne diese Bereitschaft verliert die Reform auch rasch den Mut, zieht sich zurück bei ersten Rückschlägen und hat keinen genügend langen Atem. Wenn aber Erneuerung aus der Tiefe des umkehrbereiten Herzens geschieht, ist es auch nicht mehr so schwer, Ämter und Strukturen besser anzupassen.

Neuer Wein in neuen Schläuchen

Ich komme nochmals zurück auf die Überschrift zu dieser Besinnung: „Neuen Wein füllt man in neue Schläuche." Das Wort scheint so evident zu sein. Wenn man aber sieht, wie bereits die einzelnen Evangelisten mit dem Bildwort umgehen, dann wird man sehr nachdenklich. Man weiß darum, dass beides, das Alte und das Neue, verführerisch sein kann. Lukas hebt geschickt die Anziehungskraft des Alten hervor. Damit ist kein Konservatismus gemeint, der keine Risikobereitschaft zeigt, sondern das Alte ist nicht selten auch das Bewährte, dem der Mensch mehr Zutrauen schenkt. So darf man den Schlusssatz im Lukasevangelium zu unserem Bildwort nicht überschlagen. Dort heißt es: „Und niemand, der alten Wein getrunken hat, will neuen; denn er sagt: Der alte Wein ist besser." Aber natürlich ist dies kein Grund, das herausfordernde Jesus-Wort zu leugnen oder ihm seinen Stachel zu nehmen. Das griechische Wort für „besser" (chrestos) kann man auch übersetzen: „angenehmer, lieblicher, reifer". Die Evangelien muten uns immer wieder eine Auseinandersetzung zwischen dem Neuen und dem Alten zu.
Auch Matthäus hat dem Bildwort Jesu noch etwas hinzugefügt. Man hat sich also immer wieder um

den Sinn dieses Wortes gekümmert. Matthäus schließt diese Passage: „Auch füllt man nicht neuen Wein in alte Schläuche, sonst reißen die Schläuche, der Wein läuft aus, und die Schläuche sind unbrauchbar. Neuen Wein füllt man in neue Schläuche, dann bleibt beides erhalten.“ (Mt 9, 17) Es gibt, so sagt die Klugheit, schon eine Unverträglichkeit von Neuem und Altem. Aber man möchte auch das, was sich im Alten bewährt hat, nicht einfach verlieren. Dennoch darf man nicht übersehen, dass es hier auch einen betonten Vorzug des Neuen gibt. Vielleicht ist sogar am Ende die Kritik noch sehr viel stärker: Wo das Neue kommt, da erweist sich, dass das Alte überholt sein kann, brüchig und vergänglich ist. Freilich zeigt das Neue in seiner Macht und Verwandlungskraft auch noch etwas anderes: Das Neue ist schließlich nichts anderes als die anbrechende Gottesherrschaft, die mitten unter uns ist, doch nicht aus dieser Welt stammt. Jedenfalls kommt man nicht mit den „alten Schläuchen“ aus.

Das Evangelium verlangt den Mut zu „neuen Schläuchen“. Es tut gut, wenn wir uns im Zusammenhang eines Zeitenumbruchs aufrufen lassen, die Neuheit des Glaubens zu entdecken und den Mut auch zum Neuen nicht zu verlieren. Die Kirche muss ohnehin immer mit beidem ringen. Auch dies hat uns das Evangelium schon aus einer früheren Zeit aufbewahrt, wenn es uns sagt: „Jeder Schriftgelehrte also, der ein Jünger des Himmelreichs geworden ist, gleicht einem Hausherrn, der aus seinem reichen Vorrat Neues und Altes hervorbringt.“ (Mt 13,52)

WEIHNACHTEN – EIN NEUER GEIST

Wie wir Weihnachten empfinden

Von den christlichen Festen hat gewiss Weihnachten am stärksten die ganze Welt, aber auch das Gemüt unzähliger Einzelner geprägt. Daran haben auch eine zunehmende Verweltlichung und eine diese noch steigernde Kommerzialisierung nichts ändern können. Eher sind sie ein Beleg für die weitreichende Wirkung auch da, wo man meilenweit vom Glauben selbst entfernt ist.

Weihnachten rührt darum auch heute noch viele Menschen. Es gibt in den Kirchen manchmal die Versuchung, sich ironisch und sarkastisch über die kümmerlichen Reste der Weihnachtsbotschaft herzumachen. Ich kann die Wut durchaus verstehen, die einen packen kann, wenn zu Beginn des Novembers oder noch früher bereits die Weihnachtsglocken ertönen, damit die Kassen besser klingeln. Es muss da und dort auch eine zornige Kritik geben, so wie Jesus im Tempelbezirk die Händler davonjagte und die Wechslertische umstieß. Es wird allenthalben mit Weihnachten Schindluder getrieben.

Aber wenn dies deutlich gesagt ist, kann man auch wieder etwas geduldig und milde werden. Weihnachten ist das Fest der Güte und Menschenfreundlichkeit. Diese beiden können in vielen Gewändern auftreten: im Schenken, im Feiern, im Zeithaben füreinander, im Spielen mit den Kindern, im gemeinsamen Singen und Musikhören, im Begehen besinnlicher Tage, im lange erwarteten Gespräch miteinander, in Gebet und Gottesdienst. Überall, wo dieses und Ähnliches sich ereignet, geht in vielen Ehen, Familien, Freundeskreisen und Gemeinschaften das Licht von Weihnachten auf. Es entsteht vielleicht unmerklich, aber doch wahr, eine kleine Oase mit mehr Menschlichkeit. Vielleicht fehlen fromme Worte. Aber in der Tiefe des Herzens ruft die Botschaft von Weihnachten nach mehr Wärme unter den Menschen. Als Seelsorger weiß man, dass mancher hartgesottene Bursche – so gut es geht – sein Leben in Ordnung bringen will. Manchen treibt es nach Hause, der seine Heimat verlassen hat. Einzelne strecken in diesen Tagen immer wieder die Hand aus, um Streit zu beenden und Schritte der Versöhnung einzuleiten.

In einer Welt, die zunehmend durch rohe Gewalt und erschreckende Friedlosigkeit gekennzeichnet ist, darf man diese kleinen Sternstunden der Menschlichkeit mitten im alltäglichen Leben nicht geringschätzen. Meist sind diese Tage auch ärmer an schrecklichen Nachrichten. Manchmal hält sogar ein Waffenstillstand, der sonst nur dem Propagandafeldzug dient. Freilich, wenn die Waffen nicht schweigen, sind sie an diesem Tag lauter. Wenn Menschen sich nichts zu sagen haben, kann es in solchen Tagen auch kälter werden. Weihnachten offenbart die Temperaturen im Umgang der Menschen miteinander. Wenn wir nur ein wenig nachdenklich sind, enthüllt sich Weihnachten als sensibler Gradmesser unserer Menschlichkeit. Es kommt dabei nicht nur auf die räumlich Nächsten an, sondern auch auf unser Verhältnis zu den vielen im Elend, bei uns und in der ganzen Welt. Die großen Sammelaktionen der Kirchen für die Menschen in der Dritten Welt stoßen darum in diesen Tagen seit Jahrzehnten auf ein freigiebiges Herz.

Weihnachten hat also trotz des Rückgangs der aktiven Teilnahme am Leben der christlichen Gemeinden einen hohen Rang. Die Gottesdienste sind gefüllt wie sonst nie im Jahr. Wenn man dies aufmerksam jährlich betrachtet, macht man sich Gedanken über die Schwierigkeit, die Religiosität der Menschen verlässlich zu messen. Es gibt offensichtlich eine oft bis zur Unkenntlichkeit versteckte Frömmigkeit, die nur selten an den Tag kommt – aber es gibt sie. Auch die sehr nüchtern und beinahe skrupellos rechnenden Anbieter in den Medien und überall wissen um diese Stimmung.

Der Christ verbindet diese Menschlichkeit mit einer konkreten Person. Er vertraut nicht einfach den seligen Launen. Güte und Menschenfreundlichkeit haben einen Namen. Es ist ein Kind, das in dieser Nacht die Welt verändert. Die Nacht ist hell geworden, die Freude im Stall lässt das Unterwegssein zur Volkszählung beinahe vergessen, die Krippe dient als Wiege, sogar Ochs und Esel genießen offenbar die Atmosphäre. Die Künstler aller Zeiten haben dies in Bild, Wort und Ton festzuhalten versucht. Etwas überglänzt nämlich den Alltag. Es ist ein geheimnisvolles Licht im Spiel, das einfach aus dieser Welt erklärt werden kann. Hier ist ein Kind geboren, das alle sonstigen Wunder einer Geburt übertrifft. Jesus kommt unmittelbar von Gott. Er kommt aus dem Herzen Gottes selbst. Darum hat er zwar eine menschliche Mutter, aber ist – wie die Christen bekennen – auf eine wunderbare Weise durch das unmittelbare Wirken des Gottesgeistes selbst im Schoß der jungfräulichen Mutter entstanden. Gott selbst senkt sich tief in unsere Menschenwelt hinein.

Gott kommt in unsere Welt

Die Nähe Jesu zu Gott kann verschieden zur Sprache kommen. Er ist das Wort Gottes in die Welt. Er ist nach so vielen Offenbarungsgeschichten im Alten Bund und in den Religionen das letzte, das unüberbietbare Wort der Liebe Gottes an die Welt. Er ist die Ikone des Vaters, das Ebenbild des unsichtbaren Gottes. In Jesus Christus ist darum die Güte und Menschenfreundlichkeit Gottes leibhaftig erschienen. Mit einem Wort, das man hier freilich ganz ausschöpft, wird dieses einzigartige Verhältnis zwischen Jesus von Nazaret und Gott dem Vater zur Sprache gebracht: Er ist „der Sohn Gottes".
Dieses Bekenntnis verschlägt dem einen den Atem, dem anderen den Verstand. Es ist eine Zumutung. Man kann sie nur annehmen, wenn man dieses Wunder der Menschwerdung Gottes immer wieder

offen und unvoreingenommen betrachtet. Menschen, die schon alles zu wissen meinen – exemplarisch stehen dafür die Schriftgelehrten in der Bibel –, sind empört. Nur Menschen, die unverbildet in der immer wieder offenen Weite des Himmels und der Geschichte stehen, wie die Hirten, können sich überraschen lassen. Sie haben den Sinn für das Unerhörte, das Unableitbare, das Einzigartige bewahrt. Bei Gott ist kein Ding unmöglich.

Gott spielt nicht Theater. Er zieht nicht für einen Augenblick eine menschliche Uniform an und tut so als ob ... Er treibt auch kein Maskenspiel und grinst einmal hinter der Larve eines Menschen hervor. Es ist ihm blutig ernst. Darum kommt Gott so ärmlich zur Welt. Das Wort ist Fleisch geworden: fern der Heimat, unterwegs, im Stall einer Herberge. Bald beginnen die Nachstellungen des Herodes. Flucht gehört zum Los dieses Menschenkindes. Der Flitter an Weihnachten darf uns nicht über die ungeschminkte Realität dieser Menschwerdung täuschen. Hinter der Krippe wird das Kreuz sichtbar. Die Schmerzen der Mutter fehlen nicht. Gott kommt wirklich in Jesus Christus zu uns: in unsere Armut, zu unseren Hütten, in unser Fleisch, in die blutige Wirklichkeit, ans Kreuz.

Hier lauert jedoch noch eine Quelle des Missverständnisses. Es klingt heimelig, wenn Gott in unsere Welt kommt. Man darf jedoch nicht verkennen, dass diese Ankunft bei uns zugleich eine Revolution bedeutet. Jesus Christus bringt nämlich mitten in unsere kranke und todgeweihte Welt etwas radikal Neues. Wenn Gott nur die Bedingungen unseres Lebens annehmen und in sie eingehen würde, wäre dies gewiss schon tröstlich. Aber wenn er uns nicht zugleich die Kraft verleiht, diese Welt von innen her umzugestalten, wäre es traurig. Gott will unsere Welt verändern. Statt der ewigen Selbstbespiegelung möchte er den Menschen über sich selbst hinausführen. Statt Eigenliebe Solidarität mit dem, was beschädigt und verwundet ist. Statt Hass und Aggression Annahme des Anderen und zumal des Fremden und Fähigkeit zur Zuwendung. Statt Raffen Teilen. Statt Selbstzufriedenheit Leiden an den Wunden der Welt.

Neues Denken für uns Christen

Weihnachten ist nur dem ersten Anschein nach eine Beruhigung. Es scheucht den Menschen auf von seiner Sattheit. Weihnachten bringt die Dynamik der menschennahen Liebe Gottes in Bewegung, entlarvt alle Unmenschlichkeit, protestiert gegen alle Verletzung der Menschenwürde und darf niemanden hoffnungslos und verloren am Rand der Straße liegen lassen. Weihnachten ist darum das Fest der suchenden Liebe Gottes, die keinen preisgibt und aufgibt. Vielleicht kann uns nur Gott im Kind eine solche Zumutung unbefangen und tollkühn zugleich nahe bringen.

Dies ist der Geist des christlichen Glaubens, wie er an Weihnachten besonders anschaulich und ernst wird. Es ist aber nicht nur der ewig gleiche Geist des Christentums, sondern er spricht so immer auch sehr konkret in eine bestimmte Zeit hinein. Die Menschwerdung Gottes ist einmalig, ja noch genauer: Sie geschieht ein für allemal. Jedes Weihnachten erinnert an beides: die Einzigartigkeit und ihre Gültigkeit für immer. Darum spricht uns auch Weihnachten jeweils neu an. Was ist sein Sinn besonders für heute? Der Geist des wahren Christentums ist radikal neu. Er ist nicht einfach die Summe des Vorfindlichen. Er ist nicht das Ergebnis unserer Zustände und unserer Kompromisse. Wir wollen immer wieder unsere Fragen von heute mit alten Mitteln und untauglichen Denk- und Verhaltensweisen bewältigen. Aber die Tricks haben ausgespielt. Heute spüren wir stärker denn je, dass wir uns nur immer tiefer in die Krise hineinmanövrieren, wenn wir uns mit uns selbst herumtreiben und einander nur den Schwarzen Peter zuschieben. Das Aufmachen alter Rechnungen bringt nichts. Wer nicht zu einer radikalen Umkehr im Sinne der Änderung der Maßstäbe bereit ist, wird die großen Probleme unserer Zeit nicht einmal richtig erkennen: Arbeitslosigkeit, Nord-Süd-Gefälle, Umweltzerstörung.

Weihnachten könnte ein Startzeichen werden zum Beginn eines neuen Denkens, das bereit ist zu einem neuen Geist unaufkündbarer Solidarität, geschwisterlichen Teilens und der Rücksicht auf die geplagte Erde, die auch noch künftigen Generationen dienen möchte.

HINAUS INS WEITE

Die Botschaft des Friedens

Weihnachten ist ein Fest der Harmonie und des Friedens, der Ruhe und der Besinnung, der Freundschaft und der Liebe. Aber nicht in direktem Anlauf und nicht so, dass man das im Schnellverfahren bekommt, oder dass man etwas daran herumschnuppert, oder dass man es sich wie an einem Automaten kaufen kann. Da braucht es den geduldigen Weg von Glaube, Hoffnung und Liebe. Das kann man nur durch eigenen Einsatz erwerben, nur durch eigene Entscheidung und gewöhnlich auch nicht einfach allein, sondern so, dass man dies zu zweit, zu dritt, in kleinen Kreisen der Freundschaft und schließlich in der Gemeinde tut. Glauben braucht gerade an Weihnachten solche Stützen.
Diese Botschaft von dem Frieden, der keine Angst hat vor der Übermacht des Hasses, ist das Zentrum des christlichen Glaubens. Vieles andere, was wir tun, darf eigentlich nur Ausdruck dieses Evangeliums sein. Und diejenigen, die in diesen Tagen oft wegen sehr äußerer Gründe die Kirche verlassen, sollten überlegen und darüber nachdenken, dass sie diese entscheidende Botschaft ihres Lebens heute nirgends anders hören als in

der Kirche. Die Suche nach Reliosität außerhalb der Kirche bleibt oft auf der Strecke. Sehr rasch verlaufen sie sich in irgendeiner selbstgebastelten Religiosität, die bald ihr Ende hat. Gott hat uns gerufen, hier in dieser konkreten Kirche auch mit den menschlichen Grenzen Zeugnis zu geben. Wir sollen von seinem Evangelium des Lebens hier Zeugnis geben vom Evangelium des Friedens. Wir können dies zusammen besser tun, als wenn jeder sich in seine Richtung verläuft.

Während in der Heiligen Nacht das Geheimnis der Geburt Jesu mehr im kleinen Team gefeiert worden ist, gleichsam mit den Hirten, mit den wenigen, die es damals erkannt und gesehen haben, wird in den drei Messen, die die Kirche an Weihnachten anbietet, langsam das ganze Geschehen entfaltet. Wir können nicht einfach nur in der intimen Vertrautheit bleiben mit dem, was geschehen ist, mit der stillen Freude, die wichtig ist und Grundlage bleibt auch für den Frieden. Wir dürfen nicht nur bei uns bleiben, sondern wir dürfen wirklich sehen: Gott möchte unsere Welt neu schaffen durch den Geist von Weihnachten, durch unser Zeugnis. Es ist wahr, dass die Höhen und Tiefen unseres Lebens dadurch verändert werden. Alle Enden sehen das Heil unseres Gottes. Das, worum es geht, das soll nun auch öffentlich sichtbar werden. Das soll nicht einach nur in unserem Herzen leben, sondern das soll unsere Welt verändern zu mehr Liebe, zu mehr Hoffnung und zu mehr Glauben.

Aufbruch

An der so genannten Jahrtausend-Wende begegnen wir zwei Haltungen. Auf der einen Seite die Freude: 2000 Jahre Christentum, 2000 Jahre Feier der Geburt unseres Herrn. Und auf der anderen Seite die Frage: Ist das Christentum nicht am Ende? Gibt es nicht viele andere Religionen, große und kleine, und hat das Christentum nicht selbst in dieser Geschichte versagt? Hätte es nicht mehr erreichen können in diesen 2000 Jahren? Schon längere Zeit wird immer wieder die Frage gestellt: Muss das Christentum sterben? Dies ist eine Frage und eine Herausforderung, der wir nicht ausweichen wollen, und der wir nicht auszuweichen brauchen.

Da ist zunächst das Verständnis Gottes, so wie es im Alten und Neuen Bund ausgeprägt worden ist und in besonderer Weise unserem Glauben zu Eigen ist. Gott ist nicht um so mehr Gott, je ferner er von uns ist. Er bleibt der Unbegreifliche, und er bleibt der, der immer im Geheimnis ist, auch wenn er sich offenbart. Aber zugleich ist er derjenige – und dadurch unterscheidet er sich von den Göttern vieler anderer Religionen –, der immer mehr zum Menschen herabsteigt. Er bleibt nicht – wie die antiken Götter – selig in sich selbst. Er ist nicht einer, der mit unseren Händeln und unseren Problemen nichts zu tun haben will, sich immer mehr in eine unbegreifliche, staunenswerte Ferne zurückzieht. Er wendet sich uns zu, schafft die Welt, ist ganz nahe bei uns durch sein Wort. Er bringt uns dieses Wort noch näher durch die Propheten.

Sie bringen sein Wort in unsere Welt, richten es aus in unseren Verhältnissen und in unseren Situationen. So steigt er immer mehr herab – bis er schließlich in seinem Sohn zu uns kommt. Dies ist das letzte, was Gott selbst machen kann: In seinem einzigen Sohn zu uns zu kommen. Er ist der Sohn, der am Herzen des Vaters ruht. Stärker kann man nicht beschreiben, dass jemand ganz dicht und nah beim andern ist, ja, dass er von seiner Seite kommt und – wie wir tiefer ergründen – einer aus der wirklichen Dreifaltigkeit ist.
Der Vater schickt als äußerste Form seiner Zuwendung zur Welt seinen Sohn zu uns. Dieser Sohn streift nicht nur einmal die Erde, nein, er wird wirklich Mensch. Das wahre Weihnachten zeigt uns, wie er zu uns kommt: Unterwegs ist er von Anfang an, er hat keinen Platz mehr in unseren Häusern und Hütten und muss in einen Stall. Er liegt im Futtertrog, Herodes möchte aus lauter Angst vor dem Verlust der Macht alle Kinder in seinem Alter umbringen, und so müssen sich schließlich die Eltern Jesu, Maria und Josef, die sich um ihn sorgen, auch noch auf die Flucht nach Ägypten machen.
Dies ist die reale Welt, in die er kommt, und wir hätten es nicht schwer, aus den Nachrichten von heute zu sagen, dass sie sich in dieser Hinsicht nicht so schrecklich viel verändert hat: Gewalt herrscht vor, Menschen werden aus Heimat und Hof vertrieben, und schließlich sind es immer wieder die Armen und die Kleinen, die unter die Räder kommen.
„Gott ist Mensch geworden", das ist nicht nur eine allgemeine Formel. Er wurde Mensch bei uns, bei unseren Hütten, er hat wirklich das Schicksal er-

tragen, wie es viele, viele in diesen 2000 Jahren und vorher ertragen mussten. Er, der als besonders Gerechter durch unsere Welt geht, erfährt die schlimmste Ungerechtigkeit in seinem Leiden. Seine Liebe wird dadurch belohnt, dass er den bittersten, schändlichsten Tod stirbt, den die Welt damals kannte: den Tod am Kreuz.
In diese Welt kommt er, in diese Welt kommt Gott. Darum wird das Christentum nicht sterben: Weil Gott nicht mehr tun kann, als seinen einzigen Sohn in unsere Welt zu schicken, damit er diese Welt erlöse und damit er sie rette. Ds ist immer noch das Neueste, was möglich ist, und zwar nicht nur heute, sondern immer und gewiss auch in Zukunft. Ein Weiser aus dem 17. Jahrhundert hat gesagt: Die Menschwerdung Gottes, die Leiblichkeit Gottes sei auch das Ende der Wege Gottes. Gott wird Mensch, einer von uns. Was soll, was kann er eigentlich noch mehr machen, als selbst in unsere Welt zu kommen? Und Gott bringt in unsere Welt viele Dinge, die nicht weniger neu sind, auch heute und morgen. Alles, was er durchgemacht hat, was er angenommen hat als Mensch, all das, was er von Menschen erlitten hat, ist nicht einfach eine neutrale Sache, die ihm passiert ist.
Gott ist Mensch geworden. Seitdem gibt es in unserer Welt keinen Ort – und sei es beinahe die Hölle –, keinen Ort und keine Zeit, keine Uhrzeit, wo es nicht möglich ist, zu ihm zu rufen, wo es nicht möglich ist, auch in unserer leiblichen Existenz Heil, Segen erfahren zu können, Zuspruch zu hören. Dies ist die am besten begründete Hoffnung in unserer Welt: dass wir einen haben, der uns in

allem vorausgegangen ist, gerade auch im Leiden und im Sterben, und dass wir immer vertrauen dürfen, dass er uns hört, dass er uns begleitet, dass er wirklich ein Mensch, ein Bruder, ein Freund ist.
Das ist das Ende der Wege Gottes. Näher kann er nicht bei uns sein. Mehr kann er uns nicht schenken. Er schenkt uns auch in unsere Welt hinein diese neue Menschlichkeit: auf dass wir einander annehmen, dass wir nicht einfach ausgrenzen, dass wir nicht einfach Gewalt anwenden. Er hat einen ganz neuen Begriff gebracht von Gewalt, von Vollmacht, von Kraft. Es ist nicht das, was sich rücksichtslos durchsetzt, nicht das, was andere links und rechts in die Gräben abseits der Straße drückt, es ist nicht der Hass; seine Gewalt, seine Macht ist etwas ganz anderes. Es ist das Schonen, das Verzeihen, das Versöhnen, die Liebe. Eine ganz andere Macht und Kraft ist dies in unserem Leben. Auch wenn sie sich schwer durchsetzt, wenn sie immer wieder durch das Leiden und durch die Verwundungen hindurch gehen muss: Diese Kraft wird am Ende siegen.
Darum sind wir Christen durch Weihnachten wieder neu gefestigt in unserer Hoffnung. Es ist keine leere Hoffnung, es ist eine Hoffnung, die auch der Not in die Augen sieht, die nicht wegguckt, die nicht irgendeinen Firlefanz macht, die nicht allein für einen Tag alles ein bisschen erhöht, mit Lametta und mit Schein. Nein, jetzt ist eine Hoffnung in unserer Welt, die sich auch im Schlimmsten bewährt und in der wir immer wieder sagen können: Wir haben einen, der uns weiterführt, weiterführt bis in die Weite des ewigen Lebens.

Quellennachweis

Folgende Texte liegen dem Buch zugrunde und wurden für die Veröffentlichung überarbeitet:

Rettet Weihnachten!
Rettet Weihnachten! (Auf ein Wort), in: Glaube und Leben. Kirchenzeitung für das Bistum Mainz 58 (2002) Nr. 49, 8. Dezember 2002, 9.

Advent als Zeit und Schule des Wartens und Hoffens
Radio-Sendung im Hessischen Rundfunk am 7. 12. 2003: *„Advent als Zeit und Schule des Wartens und Hoffens"* – Katholische Morgenfeier.

Im Anfang war das Wort
Weihnachtspredigt am 25. 12. 1989 im Mainzer Dom (Am Anfang war das Wort)
Weihnachtspredigt am 25. 12. 1997 im Mainzer Dom (Was ist der Mensch ...)

Die Menschlichkeit Gottes
Von der Menschlichkeit Gottes. Weihnachtsgedanken, in: Die Welt. Unabhängige Tageszeitung für Deutschland, Weihnachten 1985.

Die Annahme des Menschen
Die Mauern zwischen Menschen niederreißen. Zur Krippe gehört das Kreuz wie das Gloria der Engel. In: Rheinische Post Nr. 300. 24. 12. 1992 (Weihnachtsbeilage).

Das Fest der Versöhnung
Weihnachtspredigt am 25. 12. 1996 im Mainzer Dom (Das Fest der Versöhnung)

Das Fest der Gemeinschaft
Weihnachtspredigt am 25. 12. 1988 im Mainzer Dom (Das Fest der Gemeinschaft)

Erbarmen und Solidarität
Weihnachtspredigt am 25. 12. 1998 im Mainzer Dom (Erbarmen und Solidarität) *Wie steht es um die Solidarität? Gastkommentar,* in: Allgemeine Zeitung Mainz 150 (2000) Nr. 299, Weihnachten 2000, 2.

„Seht, ich mache alles neu“ (Offb 21,5)
Adventspredigtreihe im Mainzer Dom, Predigt vom 5. 12. 1999, in: Karl Lehmann, Hat das Christentum Zukunft? Glaube und Kirche in der Jahrtausendwende (= Mainzer Perspektiven Nr. 2), Mainz 2000, 50-58.

„Neuen Wein füllt man in neue Schläuche“ (Mt 9,17)
Adventspredigtreihe im Mainzer Dom, Predigt vom 12. 12. 1999, in: Karl Lehmann, Hat das Christentum Zukunft? Glaube und Kirche in der Jahrtausendwende (= Mainzer Perspektiven Nr. 2), Mainz 2000, 38-49.

Weihnachten, ein neuer Geist
Das Kreuz hinter der Krippe. Weihnachtsgedanken, in: Die Welt. Unabhängige Tageszeitung für Deutsch-

land, Freitag 24. Dezember 1993, G (= Geistige Welt), 1.

Hinaus ins Weite

Weihnachtspredigt am 25. 12. 1994 im Mainzer Dom (Das Kreuz hinter der Krippe)
Weihnachtspredigt am 25. 12. 1999 im Mainzer Dom (Hinaus ins Weite).

Bibliografische Information Der Deutschen Bibliothek
Die Deutsche Bibliothek verzeichnet diese Publikation in der Deutschen Nationalbibliografie; detaillierte bibliografische Daten sind im Internet über http://dnb.ddb.de abrufbar.

ISBN 3-7462-1766-0

© St. Benno-Verlag GmbH 2004
04159 Leipzig, Stammerstr. 11
www.st-benno.de
Einbandgestaltung: Ulrike Vetter, Leipzig, unter Verwendung eines Bildes von KNA
Gesamtherstellung: Kontext, Lemsel